公共频道
NEWS CHANNEL

公共频道
NEWS CHANNEL

秀才来了
XIUCAILAILE

孙　军　主编

齐鲁书社

■《秀才来了》全家福

秀才播报团

秀逗剧场

秀才村那点事

“哥有钱！有的是钱！”

直播前准备

这三个爷们太能显摆了

《秀才夜谭》哼哈二将

传说中的“驴小布”和“刁小馋”

乔峰乔帮主

向前进！向前进……

■ 秀才旅游团

■ 秀才出游

■ 秀才播报团

■ 秀才美女出游

卷首语

Juanshouyu

2012年1月1日，山东广播电视台电视公共频道，惊现新闻脱口秀栏目——《秀才来了》。天下大事、民生八卦、人生百态连说带演，俱是肆无忌惮，嬉笑怒骂，得瑟上天；句顶句犀利泼辣，冷不丁幽你一默，更兼几分冷嘲热讽、指桑骂槐、欲说还休！时间偏在每晚七点，扰了几家观众在饭桌，丢了筷子打了碗，狠心不赚加班钱，看到热血沸腾，笑到前仰后合，盼着明日再看，不惜看了又看！如此折腾一整年，直叫人忍无可忍又何须再忍！这绝不是偶然，轻松只是画面，蓄谋已久才是答案！主持人西葫芦，他不是一个人在吧，黑暗中定少不了好事者，捉刀写段子，品察众生相，暗中导演这场戏！

是他，是她，难道还有它？《秀才来了》一书在手，按图索骥，不日之内，团伙主将必将大白于天下。诸位看官，有人的捧个人场，没人的找人捧场，您就瞧好吧！

秀才不出门，便知天下事，每晚19:00—20:00，敬请期待！

目 录

Contents

卷首语

开篇语

秀才有料

秀逗剧场

编导手记

开篇语

Kaipianyu

去“胸展”看车

如今的北京国际车展快成了“北京国际美女展”了，展示各种美女，有国内的，有国外的，有低胸的，有齐P的，真是美不胜收啊。不过美中不足的是主办方为了吸引眼球，竟然在美女旁边摆了部破汽车。败笔，荒唐！乌泱泱的人，哪是来看车啊，都冲着美女来的。人家国外车模的理念是：像我这样的女人，开这样的车；咱们车模的理念是：开这样的车，才能找到像我这样的女人。所以车模们都放开了，也敞开了，一进车展大厅，全是白花花的大腿、明晃晃的胸，真为国家省布料啊。于是，首都精神文明办看不下去了，对北京车展提出了严肃的批评：部分车模衣着过分暴露。这我很赞成，虽然我也看，但是一码归一码，还是要说，你们车模还真把车展当你家澡堂子了。你们学学古人不行啊，人家魏晋“竹林七贤”中的刘伶，酒后脱了衣服，裸露着身子在屋里，别人去偷看他，他说：“我刘伶把天地当房子，把房子当衣裤，你们为何钻进我的裤子里来了？”看看，同样是露，怎么人家是洒脱，车模就是真脱呢？我觉得，这就是无欲无求跟一心露肉的差别啊。

快递标准出台

《快递服务》的国家标准，终于千呼万唤出台了，从2012年5月1日起正式实施。这回的标准，由里到外、由点到面都很全。对于普通的快件，外包装如果完好的话，收件人应该先签字再验收。一旦发现有损坏的情况，可以向快递申请索赔。对于网购快件来说呢，商家在发送之前，得提前和买家沟通好，到底是“先验收再签字”，还是“先签字再验收”。每次规定一出，必须得经得住群众的挑刺，这次也一样。比如说，快递寄到公司，前台代替签名怎么办？寄快递有隐私怎么办？快递公司会不会又趁机涨价？这些都是无法避免的问题。要葫芦说，快递这事，还是我们老祖宗最省心：鱼传尺素，鸿雁传书。相传，古人用丝绸写信，完了放在鱼肚子里寄给对方，对方收到快递，“呼儿烹鲤鱼，中有尺素书”，收到信了还有鱼肉吃，一举两得。鸿雁传书就更省事了，把信绑在大雁腿上，比现在的快递慢不了多少，除了不会喊“亲”。当然，你要是寄大件的话，还是找快递公司吧，鱼和大雁很容易超重拒载的。

规范停车　道阻且长

牛奶多了，三聚氰胺就不够用了；干女儿多了，干爹就不够用了；私家车多了，停车位就不够用了。于是，只要有空隙的地方，就能当停车位；没有空隙的地方，挤也能挤出停车位。对此，咱济南又有新办法了：八条主干道两侧的非机动车道上，要逐步实现禁止停车。现在经十路的一些路段，已经开始安装隔离墩了。本来停车位就没几个，现在能停的又没法停了。照这样下去，不久的将来，开车的同志们，又要满大街找地儿停车了。这让我想起前两年，济南实行的咪表停车，也是为了规范停车管理，折腾了好一阵，钱花了不少，现在不了了之了。如今又开始弄这么一出，我实在是担心，还会跟咪表停车一样，最后又得黄了。规范停车，是好事，可你得有个长远的眼光不是？要不然花那么多钱，却木有效果，纳税人的钱，可不是这么个浪费法啊。“胡服骑射”这个词都知道吧，当年赵武灵王，顶着众人的反对，坚持胡服改革，最后赵国的强大，证明了他这个决定是对滴。我觉得这个典故说明了，一拍脑袋做决定可以，关键在于，最后别老让百姓们气得拍脑袋就行。

丢票可补办　只要两块钱

当初在火车票实名制之前，我觉得，实名制以后，至少会有两个优点：第一就是能够阻止四处泛滥的黄牛党，第二，火车票终于能好买点了吧。不过可惜啊可惜，车票倒是实名了小半年了，这两点却一直都没有改进啊。不过最近，终于传来点儿好消息，从 2012 年 5 月 10 号起，实名制车票丢了以后，可以挂失补办了，只需要两块钱的手续费哟。什么，还要手续费？知足吧您，以前丢了就丢了，还得全价补票，现在铁老大这叫格外开恩，只收你两块钱手续费就不错了。其实，我觉得早就该这样了，实名意味着啥？不就是图个身份认证吗？说到这个身份认证，咱老祖宗可真不是盖的。在隋唐时期，官员就给百姓发“鱼符”，也就是身份证了。除了“鱼符”，身份证的样式还有很多，什么虎符、兔符、龟符、龙符，到了武则天当政的时候，把鱼符废除，全都改成了龟符。怪不得，古人都喜欢没事挂个吊坠呢，身份的象征啊。

守住底线　别漏了底

今儿开篇，咱说说“底线”这两个字。最近，易中天说了，理想的大学，首先得给教授们建立一个底线，别弄得教授跟学生抢女朋友，不成体统。我觉得这就给教授们划了一条底线，可别成了嗷嗷乱叫的“叫兽”。再说最近很火的北京车展，车模们把事业线露得呀，都没底了。车展，展的是车，不是胸。请几个美女做车模，养养眼可以，只是尺度不要太大，毕竟车展不是搞人体艺术嘛。当然，这也提醒了我们的娱乐圈，新演员想弄个角色，要么自晒性丑闻，要么自爆潜规则或者当回假和尚来吸引眼球，这样的底线也太低了。再看看，皮鞋制明胶、茶叶喷农药、可乐掺氯水、红烧肉里假佐料……唉，我都懒得跟你们说“底线”这俩字了。我就稍微提个要求，你们卖的东西，自己也要敢吃，这个底线够低的了吧！做人须有底线，为官更应如此。南宋时期，有位叫赵从善的小官吏，为了官升一级，赶着巴结宰相。当时宰相去山庄考察，说了一句："好一派农家风光，要有鸡狗之乐就好了。"赵从善赶紧在旁边学狗叫，于是被提拔了。古代官场文化深了去了，真希望咱们现在的干部们别像他一样，都要守住，别漏了底啊。

科技奖对中式卷烟技术说 NO

还记得 2012 年 3 月份公布的国家科技奖入选名单吗？里边那个"中式卷烟技术"，最受争议，你说害人的玩意，凭啥资格能获奖？好在昨天，科技部发出声明说，"中式卷烟技术"退出了科技奖的评审。理由是这样的：鉴于"中式卷烟"项目的情况较为复杂，国家烟草专卖局提出了不继续参加评审的申请。我觉得这就是抹不开面了，自己找个台阶下。找台阶吧，偏偏还遮遮掩掩，跟大姑娘上轿似的。不管怎么说，他们承不承认，好歹是把这项技术撤销了，也算是一大进步。因为过去十年间，烟草类的技术已经七次获国家奖了。当然，这对禁烟来说，不过是螳臂挡车。说到禁烟，历史上最早禁烟的，是崇祯皇帝，就是在景山上吊死的那位。他禁烟可不是为了全民健康，而是老听百姓说"吃烟"、"吃烟"。当时民不聊生，朝廷岌岌可危，崇祯正头疼呢，一听"吃烟"，这不就是说"吃掉燕京"嘛，不行，禁烟！禁了不久，就又开禁了，因为兵部尚书对他说，边关的将士不吸烟，打起仗来没精神。得，守住江山还指望这些人呢，于是又允许抽烟了。这就是前车之鉴呀！

官员公布财产　到底有多难？

前两天咱们说过，重庆要求国企干部公布财产这事，消息一出，群众又开始呼吁了，为啥不公布官员的财产呢？我在这要插一嘴，大家先断了这个念想吧。最近有研究文章说了，现阶段吧，中国官员财产申报，有许许多多的困难，有太多工作要做，就算从乐观角度来说，要公布至少也得等上十年。十年啊，"十年之前，我不认识你，你不属于我"，十年之后，为什么还不公布？我觉得这样的文章，就属于把群众往阴沟里领。官员财产公布，当然不是一朝一夕就能完成的，甭管多难，先走起来最重要，“没病走两步嘛”。当年，清朝末年，清王朝内忧外患、岌岌可危，想要留住江山社稷，就剩了华山一条道——改革。慈禧太后在改革派李鸿章、张之洞的建议下，尝试小改，可提了几个不变：祖宗之法不能变，三纲五常不能变等。这么保守的改革思路，结果那是可想而知。所以说，穷则思变，变就彻底，别事还没办呢，就琢磨有多难。怀胎都十个月了，就差这一激灵，可别又难产了！

高速超时费

走高速公路要交费，虽然说贵点，收费站多点，交的钱也不知道花哪儿去了，可勉勉强强还算能接受。但是现在又冒出一种收费，叫高速公路超时费。在高速路上要是耽误工夫，超了时，不好意思，你得交比平时高 5 倍甚至 10 倍的钱，才能下高速。尤其是长途货运司机，路上车有点故障，赶上困了再眯一会儿，就等着交银子吧。不过呢，超时费可以讲价，为什么可以讲价？因为超时费原本就不是国家规定的，而是各省市自己制定的，要钱多少全凭一张嘴。到底是什么价位，谁也说不上来，反正就是收钱。你说这算哪门子霸王条款？古代打仗还讲究个师出有名呢。当年刘邦准备跟项羽死磕，屯兵洛阳。正要开打，当地一个比较有名望的小老头董公劝他说：“兵出无名，事故不成。”就是说，打可以，给个理由先。你可以说项羽不讲道义嘛，这样咱就是仁义之师了。刘邦听了他的，在道义上占了便宜，领先了一筹。所以说，你们收超时费可以，可你们能不能说个理由？别二话不说就伸手，耍流氓呐？

面试搞旁听 真能更透明？

现在一说萝卜招聘这事，我都不屑拿正眼瞧了，谁让发生次数太多，一点也刺激不了神经了。前一阵湖北利川市，又闹了这么一出。还是那个套路：网上曝出来，网友围观，媒体调查，当地官方遮遮掩掩，最后也就不了了之。好在最近潍坊市采取了一个措施，说起来也很简单，就是让一些社会人员旁听公务员面试，这样就能更透明、更公开。大家肯定要问了，这些社会人员是肿么个选法呢？抽签！哎，这个想要再弄点猫腻，就难了吧。呃，按理说应该是这样，潍坊的做法值得称赞，可葫芦我不禁还要再挑个刺，这就真能保证公务员考试公平公正公开么？话说当年，袁世凯用考试的方式来提拔干部，以示公允。他的心腹大将王士珍和冯国璋先后以这种风光的形式官升一级。可是段祺瑞连着两次名落孙山，到了第三回考试，都灰心了。结果临考前一晚，袁世凯派人悄悄把题透露给他了，又给他打通关节。最后段祺瑞稳稳考中，妥妥滴。你看，要想没有猫腻，这门一定要把好。

白菜领跑高菜价

盼望着，盼望着，夏天的脚步近了。蔬菜丰收了，菜价涨起来了，老百姓买菜的心也纠结起来了。萝卜，西红柿，苦瓜，你不让我，我不让你，都赶着趟儿比谁的价涨得更高。以前要是听谁说用白菜价买了个 LV，那肯定是山寨货。现在借着油价上涨的东风，白菜的身价也一蹿老高。一棵卖到 15 块钱，够买一斤半猪肉了！“蒜你狠”、“豆你玩”、“姜你军”……统统弱爆了。看我白菜，下得了厨房，上得了殿堂，禁得住甲醛，飙得进价格榜。俩字：风光！这菜价涨了，卖菜的也不好受，除非有卖菜大妈的本事，“快来买吧，送你葱”。白菜早在新石器时代就有了，不过到了宋代才开始叫白菜。那时候是上流社会才能吃到的菜。南宋诗人杨万里叫它“水精菜”，其实他就是把白菜放到白水里煮煮，顶多加点盐。苏轼也写诗赞美白菜，觉得白菜的味道不比乳

猪和熊掌差。现在,我看不止是味道,价格也快赶上乳猪熊掌了。真不知道咱们这金贵的家常菜什么时候能恢复家常价呢?

医生下跪 羞了谁?

医患这两方，拉锯像弹簧。你强他就弱，你弱他就强。平民认倒霉，有权逼下跪。卫生部回应，私了可不对。说的是,卫生部刚要求向医院派驻警务室，陕西榆林百信医院又闹出下跪丑闻。你说治病救人救死扶伤的地方，你硬要荷枪实弹武装到牙齿，这不搞笑吗？再说了,下跪能解决问题吗？估计卫生部自己也看不下去了，说我们不赞成下跪，不赞成私了，私了助长医闹。这我葫芦倒是赞同,“你闹我闹全都闹啊,嘿嘿全都闹啊,乱成一锅粥不得了啊”。要解决问题,还得有制度给咱老百姓铺路才行,否则出了问题,还是要闹。再说这医生集体下跪,到底羞辱了谁呢？俗话说,“男儿膝下有黄金”,说的是春秋时候有个叫秋胡的人,结婚不久就外出闯荡,十年后回乡探亲,在桑园中碰到一美貌女子,就调戏人家。回到家，才发现调戏的正是自己的老婆。他母亲让他向老婆下跪赔罪，秋胡就说了，“男儿膝下有黄金”,我可是有骨气有尊严的人，怎么能随便向人低头下跪？咱们堂堂白衣天使，就这点骨气，还不如人家秋胡呢。

无烟日谈“烟”

每年的 5 月 31 日是“世界无烟日”,也基本上是最不可能实现的一个节日。对于抽烟这个有百害而无一利、又极难根治的恶习,哥伦布可以说是“罪魁祸首”。1492 年,哥伦布晃悠晃悠地飘到了南美的一个小岛,发现当地印第安人喜欢用管子吸一种点燃

了的叶子。于是哥伦布和船员们也试了试，哎呀妈呀，普遍表示刚赛来！于是他就把这种叶子，也就是烟草带回了欧洲。从此，吞云吐雾的人就多了起来。而最早把香烟传入中国的，是明朝时候寄居在澳门的葡萄牙人。你说这帮老外，不光在清朝传来害人的鸦片，连鸦片他弟弟香烟也是他们传来的，祸祸人啊！

交警遇车祸掉头走

几年前，纽约州的审计长阿伦·赫维斯让一个手下长期给自己生病的妻子开车。结果，被媒体曝了光。公车私用，这在美国可了不得。阿伦不得不道歉并辞职，最终还是被法庭宣判有罪并处以 8 万美元罚款。无独有偶，前几天，安康市公安局汉滨分局交警大队副大队长王某，工作时间驾驶警车带妻子去看病，在路上正巧碰到了一起车祸，让人想不到的是，堂堂交警副队长竟然调头就走了。这事咱昨天已经说了，最终结果是，车祸中有名女性不幸身亡。这分明就是见死不救！可是汉滨分局纪委轻描淡写，只让王某做个检讨了事。这要换在古时候，别说你是衙门的人，就算你是普通老百姓，都得因此吃官司。从秦朝开始，就对见死不救的处罚有明文规定，邻居求救而不救，或者在路上遇到杀人抢劫也不出手援助的，都要被依法论罪。我说咱们一些官员，真该好好跟老祖宗学学了。

秀才有料

Xiucaiyouliao

新闻天天唠 有料我来报

苍井空的“春天”

西葫芦

“我脱光衣服躺在镜头前，是为了生存；而你衣冠楚楚地站在镜头前，却只是为了私欲和欺骗。”这句话，已经成为苍井空的名言，就像一面镜子，映照出了某些道貌岸然男人的猥琐心态。什么？苍井空是谁，看你，又装正经不是？揣着明白装糊涂。

晓彤

哎呀，葫芦，你以为都跟你一样啊，还就真有一些人不知道苍井空是谁。

小昱

不过以前不知道的，现在估计也都知道了。在某电子商务网站的年会上，苍井空神秘亮相，惹得该网站的高层、老板还有各个互联网的大佬们争相与其拥抱，现场照片一夜之间传遍网络。

西葫芦

你说韩寒、王珞丹、黄晓明、李宇春够大牌吧，可风头完全被苍井空盖过。自从苍井空告别日本 AV 界来到中国发展后，开中文微博，秀毛笔书法，那人气是与日俱增。前一阵还跟宋祖英、杨澜一块儿登台亮相了，真可谓是外来的和尚会念经，外来的女优成巨星。如今网友们亲切地称苍井空为“苍老师”，而且还是“德艺双馨”的表演艺术家。看网友们的口气，恐怕这里面不单单是调侃这么简单吧。

晓彤

我觉得啊，她能被一些人接受，是在汶川地震的时候。苍井空发微博，号召她的粉丝为汶川捐助，就像葫芦你刚才说的一样，除了调侃恐怕还真有表示敬意的网友。

小昱

我有个问题，苍井空在日本已经过气了，如今却在咱中国抢尽风头，就像是一朵凋零的樱花，换了个地儿，又重新绽放了。你看那些互联网的大佬们，排着队求拥抱。

西葫芦

而且还都血脉贲张、心神摇曳、心猿意马是吧？如果说那些互联网的大佬投怀送抱，是因为苍井空的美丽，那就太低估这些人了，他们道行深着呢。平常要是想装正经，再漂亮的美女在他面前晃悠，他们也能做到微微一笑、目不斜视，可为啥这次一副想吃豆腐的猴急样？

晓彤

这就是一不小心暴露本质了，终于见到传说中的苍老师了，想近距离接触一下呗。

西葫芦

哪有你想的那么简单，要说网络最需要的是什么？人气。而苍井空恰恰符合了这一点。从本质上说，其实苍井空跟凤姐、芙蓉姐姐、度娘之类有一定的相似之处，都是基于网络的红人。而苍老师却是有着她们所没有的，苍老师是外来的樱花，所以显得格外香。请苍老师过来，拥个抱，拍个照，就赚得钵满盆满的，何乐不为呢？这也印证了苍老师的那句话，“衣冠楚楚地为了私欲和欺骗”。这正是：

苍山有井独自空，早凋樱花露芳容。

年会竞相来拥抱，噱头不用白不用。

“吃不死人”的注胶虾

西葫芦

竹板这么一打呀，别的咱不夸。我夸一夸，这个传统美食天津注胶虾，这个天津注胶虾，它究竟好在哪？它是颜色鲜亮，肉感瓷实，个头也很大。

菲菲

打住，葫芦，你这是在夸天津注胶虾吗？你这不是找打吗？你知道注胶虾是怎么弄的、有多害人吗？

西葫芦

怎么不知道，因为虾在解冻之后，会变得干瘪瘦小，重量也会减轻。所以，造假者就给虾注入明胶，也来一个美容丰胸，卖相好自然价格高啊。不过，在媒体曝光注胶虾之后，人家商户语出惊人，说：“这很正常，吃不死人的，俺们卖虾的都这么弄，好多年了，哪死过人啊！”

晓彤

哎呀妈呀，这话说得，敢情咱们中国人都练过金钟罩铁布衫，百毒不侵啊。你看看啊，早晨，买地沟油炸的油条，切个苏丹红咸蛋，冲杯三聚氰胺奶。中午，在食堂要一瘦肉精猪肉，吃炒农药韭菜，来碗翻新陈米饭，泡壶香精茶叶。

晚上，买点尿素豆芽，膨大西红柿，开瓶甲醇酒，吃个硫黄馒头。都快无敌了。

西葫芦

所以呀，用“吃不死人”来当成理由，是多么荒唐呀。商户还说了，“肯定没事呀，要不然国家早就不让卖了”。这时候监管部门该出来说话了吧？可是这些部门，不是说“不了解情况”，就是说“这事不归我们管”，更甚至，多家农产品质量检测机构都说，“无法检测，不知道从哪下手”。你说气人不气人？葫芦觉得，有注胶虾不可怕，可怕的是“注水监管”呀。

晓彤

怪不得有网友调侃说，现在“注胶虾”继大麻花和狗不理包子之后，都快成天津的又一个特产了。

西葫芦

哎，我就纳闷了，每回出现食品安全问题，都会看见监管部门相互踢皮球、打太极。我都怀疑是不是他们问题食品吃多了，脑子都吃出问题了；还是他们吃的都是特供食品，压根就不关心这事呀。

菲菲

照这么发展下去，“吃不死人”就会成为咱们的中国特色了。今天有“吃不死人”的注胶虾没人管，明天就会有更多“吃不死人”的食品出现，真是一种悲哀。

西葫芦

是啊，每天一杯牛奶强壮不了中国人，尤其是牛奶中有致癌物质时。但是，“吃不死人”的食品却会毁了一个民族。监管部门，醒醒吧，别再当冷漠的看客了。这正是：

吃不死人注胶虾，注水监管无人查。
相互推卸打太极，不如回家卖地瓜。

女体盛宴　吃出了什么？

西葫芦

葫芦我今天上网，右下角猛然间弹出一个小窗口，乍一看以为又是什么流氓软件呢，里面躺着一个女的，身上就盖了几块布。春光无限好呀，于是我又情不自禁、不由自主地多瞄了几眼。你猜怎么着，原来不是什么流氓软件，而是在大连某美食节上，一家美食店推出了“女体盛(shèng)”。哎呀，不上网不知道，原来咱们已经这么开放了。

晓彤

等等，葫芦你说错了，应该叫做“女体盛(chéng)”，是用少女的身体作为盛器，装盛寿司呀什么的。

西葫芦

没有说错，是女体盛宴的意思，所以应该读shèng。

菲菲

哎呀，你俩在这说了半天，又是女体盛(shèng)又是女体盛(chéng)的，到底是说得什么呀，我怎么觉得云里雾里的不明白呀。

西葫芦

咱姑且先称它叫“女体盛(shèng)”吧，它源于日本。从事女体盛的姑娘们，又叫做“艺妓”。可别小看她们，能进入这个行业，要求老苛刻了。首先

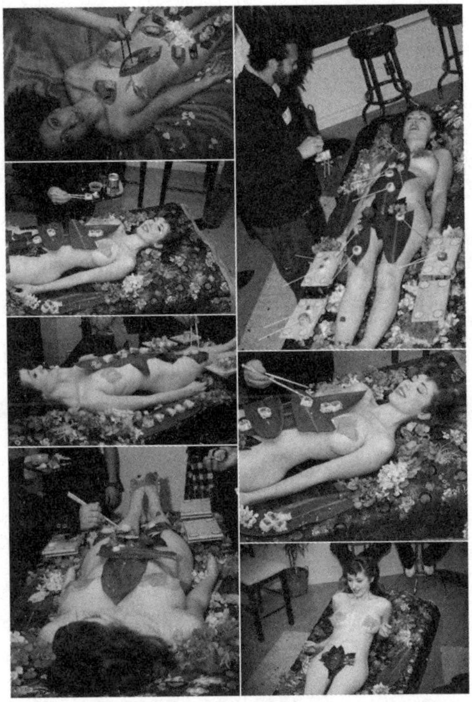

得长得好看，要是长得跟凤姐似的躺在那，还没吃菜呢，先吐了；其次，体毛要少，要是胸前有一巴掌护心毛，吃饭多恶心；最后身材匀称，要性感，最好还得是 A 型血，因为日本人普遍认为，A 型血的人性格平和、沉稳，有耐心。你说一群大老爷们，围着这么一个半裸的少女，准备开吃，这是吃饭还是吃人？

晓彤

你说这不是变态吗，我看很多日本人把这当成是追求高雅的艺术，明明就是为了满足那些有钱人赤裸裸的贪欲，还偏偏打着“追求艺术”的幌子。好嘛，现在这种形式竟然传到咱们这来了，能学点好吗？

菲菲

就是，那些喜欢弄“女体盛”的日本人变态就变态吧，可咱自己不能也跟着疯呀。我看在大连的那个美食节上，商家不以为耻反以为荣，还挺洋洋自得呢。

大连美食节商家（编导饰）：小姑娘，你这么说话我可就不愿听了。别给我整什么礼义廉耻，赚钱才是王道。你没看到广场上有那么多人围着吗，这就说明很有效果呀，花点小钱赚个眼球，以后银子大大滴有，至于别的嘛，我就不管了。

西葫芦

只有想不到，没有做不到。虽然说日本的饮食文化深受咱的影响，那“女体盛”绝对是日本人自己发明的。咱们的孔子曾经曰过，“食色，性也”。我看日本的“女体盛”是把“食”和“色”结合得最好的——不是最好，简直就是令人发指。现在这种令人发指的东西，大有漂洋过海到咱这发扬光大的势头。“取其精华、去其糟粕”喊了多少年了，除了把“德艺双馨”的苍老师吸引过来，你从日本人身上还学到啥了？就在看到“女体盛”的同时，我还看到一条消息，北京鲁迅的故居将要被拆除，被拆多了就习惯了。自己的文化保护不好，还老吸收外来的糟粕，愁人不愁人啊？

污染何其多　苦楚无处说

西葫芦

韩剧有三宝：车祸、癌症、治不好；谎言有三宝：天长、地久、爱到老；地方有三宝：企业、企业、赚钱好；环保有三宝：在查，在查，查不了。一说到环境污染，上有天下有地，噪音、污水和废气。往远了说，有大雾呼吸困难，重金属污染水源，漏油污染的海上油田；往近了说，水泥厂的烟尘，造纸厂的黑水，轮胎炼油的废气，绝对水陆空三栖污染，全方位立体声环绕你。

菲菲

葫芦，什么叫往近了说啊？你意思就是咱附近有污染了？咱能不能把话说明白了，环境污染无小事啊。你说话就有这么个毛病，按下葫芦浮起瓢。

西葫芦

好吧，我争取下次按下葫芦浮起葫芦。说正事哈，你说一个地方如果有一家污染的工厂，那就够了吧，可要是被四五个这样的工厂围起来，那日子还有法过吗？潍坊安丘市的石灰埠村，就很不幸地享受了这待遇。别看石灰埠村子小，但周围小企业扎堆，一水的污染大户：两家废轮胎炼油厂，一家废塑料颗粒厂，一家水泥厂，还有一家铁砂厂。

欣欣

那石灰埠村天天还不得烟雾弥漫、黑云缭绕、臭气熏天、污水泛滥啊！

西葫芦

石灰埠村里都有谚语了：看风向洗衣服，看风向捞麦子。水直接没法喝，烧出来跟洗澡水似的，像漂着一层肥皂沫。村民从来都不用买水泥，早晨起来在房顶上一扫就是半袋子。

菲菲

这回石灰埠村可真是名副其实的“石灰”了，这些小厂污染这么严重，就没人管么？

西葫芦

管？我看就是把他们惯得！要管早管了。不过安丘市环保局了解情况之后，就跟第一次知道这件事一样，反应倒是挺快，二十分钟不到就赶到了现场。可面对环保部门的检查，多数工厂都选择逃避，推三阻四。不过有家铁砂厂，跟练过铁砂掌一样，很横，依旧我行我素，你查你的，我生产我的。对此，相关部门说了，这种擅自生产的，下一步就要依法取缔。

欣欣

下一步？什么时候是下一步啊？明日复明日，明日何其多？我生待明日，万事成蹉跎。

西葫芦

对啊，下一步是哪一步啊？是不是又有地方保护啊？靠牺牲环境换来的一时经济效益，绝对是饮鸩止渴、杀鸡取卵，只顾眼前贻害万年。多为子孙后代想想，长点心吧！这正是：

石灰密布石灰埠，欲躲污染无觅处。
乡村环境成死角，漫漫修远环保路。

爱心营养餐　中毒谁承担

西葫芦

我听说啊，新的武林四大高手已经出现了，他们就是东鞋——烂皮鞋，西毒——毒胶囊，南地——地沟油，北奶——三聚氰胺奶。不过，以前是东邪西毒南帝北丐中神通五大高手，现在五缺一，打保皇人数不够啊。正在大家抓耳挠腮干着急的时候，第五大高手横空出世，他，就是臭豌豆。我还听说，五毒教正打算着，不要原来的蛇、蝎、蜈蚣五大件了，要换上这五位，当新的 Logo。

晓彤

我强烈支持五毒教换 Logo，什么蛇、蝎、蜈蚣、癞蛤蟆的，毒性跟毒胶囊、臭豌豆比起来，就不是一个档次的，弱爆了。

菲菲

行了你俩，别在这冷嘲热讽了，想想云南那些吃了臭豌豆中毒的孩子们，我看那所学校就是五毒教，学生们就是被他们用来祸害的小白鼠。

西葫芦

小白鼠也不带这么祸害的呀。前不久云南省的镇雄县顶拉小学，三百多名小学生，吃了学校统一供给的营养餐，完了吐得哇哇的，腹泻、腹痛、发高烧。尤其是里面的豌豆，看着很黑，闻着很臭，吃着很苦，学生们却不敢不吃，因为老师说了，不吃完就罚款！

晓彤

又是营养餐，又是食物中毒，你说这个“国家营养餐计划”，在云南实行了才多久，一个半月不到吧，已经出现多少次小学生食物中毒的事了。眼残啊鼻子缺啊，豌豆臭了你不知道吗，还逼孩子吃？

西葫芦

先别这么大火，天干物燥，小心猴挠。他们能看到豌豆坏了才怪呢。因为学校把营养餐的业务，承包给了别人，自己眼不见为净。承包商连个卫生许可证都没有，做好做坏，全靠良心。现在看来，他们的良心基本上是被哈士奇吃了。

菲菲

可不是嘛，无利不起早。我看那些承包商，不仅没有责任约束，没有学校的检查，甚至还会有一些优惠条件。我觉得学校说不定是里应外合，勾三搭四，趁机捞了不少利益，赚外快妥妥滴。

西葫芦

我记得前不久咱还说过，贵州省小学生营养餐中毒的事儿，那帮人推三阻四，说什么疑似食物中毒，群体反应。云南这次，也是没说出个所以然来。我算是看出来了，财政补助的午餐计划，到地方上已经成了唐僧肉，大家都想来一口。给孩子们做一份盒饭，又不是造个原子弹，有那么难吗？这正是：

营养餐现臭豌豆，爱心变质难入喉。

剪不断来理还乱，不出重拳难收手。

钢筋也瘦身　严查才是真

李博士

每个月都有三十多天不想上班，每个月都有三十多天很忙，这个月是皮鞋很忙，上个月是杜甫很忙。现在说起来我都火，你说杜甫招谁惹谁了，那一个 45 度角仰望天空的深沉姿势，却被网友们纷纷恶搞，创意可以无限，恶搞不能没底线啊。说到这，我想起他的一首诗来：“八月秋高风怒号，卷我屋上三重茅。……南村群童欺我老无力，公然抱茅入竹去。唇焦口燥呼不得，归来倚杖自叹息。”杜甫他叹息什么呢？我觉得他一定是在嘀咕：豆腐渣工程害死人啊，建的这破草屋，刮点大风就把屋顶给掀了。

晓彤

咦，李博士，五十步笑百步哈，前边还说见不得别人恶搞杜甫，这倒好，你自己倒拿他开涮了。

李博士

哎，正所谓风水轮流转、乾坤大挪移嘛，李博士我学究天人、博古通今，这豆腐渣工程的确害人。万丈高楼平地起，全靠钢筋和水泥；要是钢筋不达标，必出隐患大问题啊。在淄博博山区一些工地上，就出现了很多“瘦身钢筋”。哎，你们知道什么叫“瘦身钢筋”吗？

小昱

难道是用了减肥茶的钢筋？呃，不对，顾名思义，一定是瘦身之后的钢筋，跟我的身材一样，又长又苗条。

李博士

你这说跟没说一个样，瘦身钢筋，就是把原来符合国家标准的钢筋，给重新加工拉长拉细。在淄博博山区的好多工地，都用这种钢筋。别人都是打肿脸充胖子，他们倒好，反着来。同样标准的钢筋，他们的明显瘦一圈。钢筋可不跟人一样喜欢骨感，越瘦承受力越差，易弯易断有安全隐患。工地上的钢筋工还直言不讳呢，直接说自己就用的不合格钢筋，不是他太实在，而是这种情况太普遍，都无所谓了。

晓彤

他们倒是无所谓，我们有所谓啊。他们盖完大楼拍拍屁股走了，留下我们住在瘦身钢筋建的大楼里，指不定哪天就断了。我就想问问，是谁加工这种钢筋，拉细的是钢筋，坑害的都是人命啊。

小昱

一个巴掌拍不响，没有暗送秋波哪有眉来眼去，肯定是加工商、销售商、建筑商蛇鼠一窝，合起伙来把钢筋变细了，这里面的暴利肯定吓死个人啊。

李博士

可不是嘛，每一个钢筋销售商背后都有一家钢筋拔丝厂，甚至自己加工自己销售。因为钢筋销售是测长度，而不是称重量，所以实际的重量就低于标准。这样一倒手，利润真是大大滴呀。为什么会有豆腐渣工程，因为连钢筋都能偷工减料了；为什么一天灾就有人祸，因为这背后有巨大的黑色产业链；为什么杜甫感叹，因为你们这瘦身钢筋还不如茅草呢！这正是：

建材钢筋玩瘦身，拉长变细浑似真。
蛇鼠一窝诚可恨，连根拔除正乾坤。

2012，对“世界末日”说不！

西葫芦

到2012年了，我们是时候苦练2012末日技能了，争取做到跑得过高铁，逃得过地裂；打得过丧尸，活得过蟑螂；一人可受孕，无土能种粮；自己懂发电，徒手能建房。这样，我们才能应对世界末日啊朋友们！

晓彤

哎呀，死葫芦，别吓唬人好不好，这刚到了2012年，你就在这蛊惑人心，让咱王总监听见，非让你下课不可。

西葫芦

给大家开个小小的玩笑，不要当真嘛。说起2012年世界末日，现在被传得是天花乱坠、五花八门，可谓是男女老少、三教九流、飞禽走兽，无人不知，无人不晓啊。传来传去，就有不少人开始琢磨，凡事空穴不来风，无风不起浪，这个传说不会是真吧？嗯，世界末日，不管你信不信，反正我是不信！不是说无风不起浪吗，美女们，先给大家说说这风从何而来。

菲菲

2009年，一部名叫《2012》的电影风靡了全球，这部电影不光场面真实，而且逻辑清晰，从那以后，2012是世界末日这个传言就一直沸沸扬扬没有停过。

晓彤

是啊，什么玛雅预言、南北极倒转、彗星撞地球、外星人来了，哎呀各种版本，简直是目不暇接。

西葫芦

哎呦妈呀，照这么说下去，十个地球也不够毁灭的啊。其实这些传说，都是人云亦云、以讹传讹，你说一句我添一句，最后就三人成虎、猴子变人，好像真的一样。先说炒得最火的玛雅预言。玛雅人的日历中，确实写着 2012 年 12 月 21 日是末日，但这个日历就好像你家厨房里的那个日历一样，这天过去，大循环又会开始，新的一年还会再来。太阳每天都是新的，孩子每天都会叫妈，老婆每天都会吵吵，这并不代表世界就会终结。再说所谓的两极倒转，科学家们就说了，地球有可能会发生这样剧烈的磁场变化，但是这一过程，是一个持续数百万年的缓慢过程，如此缓慢对人类毫无影响。最近，美国航天局也出来说话了，说 2012 年没有任何东西会撞上地球。所以说，谣言止于智者，一切谣言都是纸老虎，根本经不起仔细推敲和研究，大伙啊吃好喝好玩好睡好，别再一味跟风，自己吓唬自己啦。

菲菲

这下我可放心了，葫芦今天真是办了个好事，给大家上了一堂知识普及课！嗯，到底是上过初中的，学过地理。

西葫芦

少来，我还上过高中呢。传言是破灭了，但我们不妨就把 2012 年作为人生的一个坐标，珍惜现在、把握当前，拿起你手中的电话，问候下爱你的父母；鼓起勇气，向你深爱的女孩求婚。2012，珍惜我们的家庭，实现我们的梦想，保护我们的环境……2012，不是末日，而是新的开始！

性文化节 “文化”在哪？

西葫芦

又喜又羞，又喜又羞，冤家和俺睡一头；轻轻舒下手，解开我的鸳鸯扣。一头睡着不肯嫌，摸了头来又摸脚……

欣欣

哎哟，我说西门葫芦，所谓非礼勿言，你说话真不害臊！

西葫芦

行行我不说了，真是的，背一段蒲松龄的《闺艳琴声》都受不了，一看就没去过现在比较流行的性文化节，那里才是：“床前身子光，地下鞋两双，举头看表演，低头……谁低头啊，都不舍得！”

菲菲

俗，俗不可耐！人家性文化节，宣扬的是文化，文化你懂吗？

西葫芦

葫芦还真不大懂，就像郑州中原性文化节，那尺度真叫一个大啊：性文化产品展、情趣内衣秀、SM 表演应有尽有。骑到男人身上，拉根绳子当马骑，这也叫文化？

欣欣

葫芦所言甚合我意，这些所谓的性文化节，男男女女，衣冠不整；肥肥瘦瘦，搔首弄姿，还得戴一顶“文化”的帽子，我看简直就是无聊荒唐加下流。

菲菲

错！平时谁不谈“性”色变，当然需要找个好名头，才能去参观学习嘛，这样，参观者就被称为文化人，而不是“寡人有疾，寡人好色”。

中原性文化节负责人（编导饰）：讲文明、树新风、长知识、练技术，中原性文化节欢迎您！我作为文化节领导，特地邀请各位去参观学习！

西葫芦

不用了领导，我们直播呢！

中原性文化节负责人（编导饰）：不去啊？不去也没关系，其实我就主要想问问你们有人买玩具不？

西葫芦

什么玩具？

中原性文化节负责人（编导饰）：性文化节，你说什么玩具？还不明白？我拿给你看。

西葫芦

别拿出来，我胆小，您还是回去卖吧，不送！

中原性文化节负责人（编导饰）：真是浪费口水，假正经！讲文明、树新风、长知识、练技术，中

原性文化节欢迎您!

西葫芦

文化搭台、身体唱戏,最后唱的还是一嗓子铜臭腔,所以说,不是所有东西加上个文化,都会变得高雅起来。这正是:

荒诞怪异文化节,赤裸上阵似中邪。

商业阑珊伴情色,空喊文化难成学。

自习座收钱　票价最低五元

西葫芦

大学占座何时了,伤亡知多少。教室昨夜又冲锋,旧座不堪回首记忆中。铁索纸条应犹在,只是主人改。问君能有几多愁,交钱买座解您忧!

晓彤

哎!自习室确实是大学必争之地,你看那些为占座大打出手的,血溅五步啊。

欣欣

真不可理解,又不是抢了你媳妇,抢什么抢?哎,你这交钱买座能解忧,又是怎么个意思?

西葫芦

宝贝没娘,说来话长。咱都知道在中学,学生有固定座位,就像领导孩子参加招聘的时候,一个萝卜一个坑;而大学教室没固定座位,这就像已经进入官场了,想占个好位置,就得不择手段、死命竞争,关键时候还得拿钱买。在

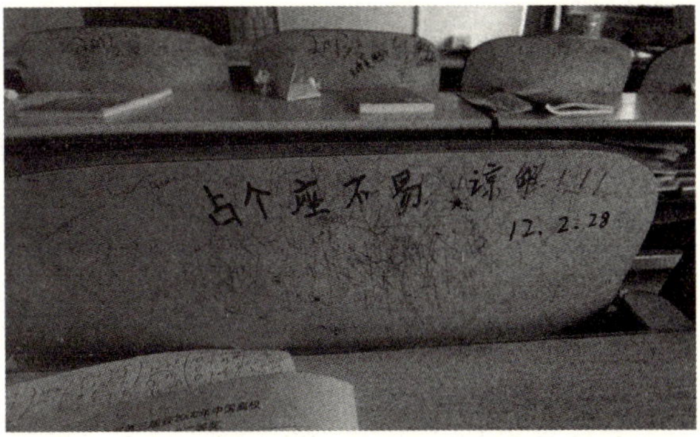

青岛某学院，学校对考研自习室七百七十多个座位实行“收费使用”，按照位置分为五个价位，最便宜的是每月五元。

晓彤

好贱哦，我的意思是好便宜哦，才五块钱就能座位包月，五块钱不算多，五块钱不算贵，五块钱您买不吃亏，也买不了上当，只要花五块钱，就能买到自习室“实名制”的坐票，您还在等什么！

欣欣

晓彤，可别给青岛某学院做广告了，没听说过去自己学校教室学习，还要交钱的，滑天下之大稽。

青岛某学院学生（编导饰）：哟哟切克闹，今天天气不错，挺风和日丽的，我一大早跑去上自习，这的确挺爽的。我是跋山涉水啊、翻山越岭啊，好不容易找到一个自习教室，我擦，竟有“收费”俩字，没搞错吧？

晓彤

大惊小勒个怪，你是青岛某学院的学生吧？你们学校自习室收费都上新闻了，你还不知道，小样，新来的吧？

青岛某学院学生（编导饰）：新新新来的吧，我是新新新新来的吧？我说妹子，我眼瞅着毕业的人了，对花钱买座这事真是无奈何，最后一声得，谁让咱穷鬼呢，学不起我还还躲不起么我，我躲躲躲躲躲躲……

西葫芦

看见没有，有钱的去上收费教室，没钱的只能去普通教室挤破头。

晓彤

看网友的爆料，五元座位采光最差，挨着食堂，属于经济适用座；而十五元的占大多数，属于中产座。最贵的每人每月二十五元，采光好、通风好，属于豪华复式 VIP 座，还精装修哦。

西葫芦

对这事吧，现在校方也出来解释了，说这是预演，我们会把钱退还给学生的。要葫芦说，院领导的办公室从来不缺，这么大个校园，咋就腾不出几个座位给学生呢？这正是：

明码标价一排排，有心无财门外呆。

销售座位太荒唐，高校收费莫乱来。

婚庆“啃老族” 结婚有痛楚

西葫芦

“五月到了，落英缤纷，桃李满园，又到了结婚的季节；广大热恋中的青年男女蓄势待发，挑选吉日，纷纷准备进入洞房。”进洞房？先别想这么美，洞房前边有礼堂，礼堂前边要先买房，买房前边还有丈母娘，想洞房得先过了这“三座大山”吧！

晓彤

结婚现在可是越来越贵，“书到用时方恨少，钱到结婚不够花”，买房买得心里滴血，结婚典礼又得捅上一刀。

西葫芦

这就叫“才过流沙河，又遇白骨精”，在这种情况下，许多年轻人无力自己支付婚礼费用，不得不在买房之后，再次请求爹妈支援，成为了“婚庆啃老族”。

小昱

我都不好意思说你们，这不太正常了。婚礼，每个女人一生就一次，不弄得像模像样，你准备让谁看笑话？

晓彤

可结婚又不是给别人看的，年轻人自己买不起房子，这是血淋淋的现实，逼死我们，我们也没办法，可婚礼也要向老人开口，我张不开这个嘴。

订婚男子（编导饰）：整天在那坐着说话，果然不腰痛啊，现在结个婚得花多少钱你们知道吗？

小昱

这个我了解，拿咱济南来说，度蜜月得一万，买烟酒得一万，珠宝也得花个七八千吧？婚宴一桌拿一千八来算，三十桌就得五六万，总之没有你想不到，只有你花不起！整个下来没个十六七万，劝您别出来丢人了。

订婚女子（编导饰）：老公，那我就什么都不要，只要和你在一起就够了。

订婚男子（编导饰）：老婆，我多么希望你每天什么也不做，也能过好日子。

订婚女子（编导饰）：别傻了，我又不是公务员。老公，我们每个月要还这么多的房贷，我们不要婚车，不要宴席。

订婚男子（编导饰）：别说了，我不能让你在朋友面前抬不起头。我爸妈虽然年纪大，可他们身子骨还行，他们说就是拼上血本，婚礼也不能比别人家差！老婆我们去试婚纱吧，听说今天打折。

西葫芦

这种事其实每天都在现实中上演，很多80后不想去啃老，可现实又逼得他们不得不啃老。葫芦要告诉你们的是：如果别人做的事你一定要做到，那么幸福只能在别人嘴上。房子不用多大，能住下两个人就够了；婚礼不用多豪华，能说出“我爱你”就够了；宴席不在多高档，能让父母朋友分享你们的幸福就够了。这正是：

屋逢连阴偏雨漏，房车齐全婚价斗。
结婚啃老实不该，洗尽铅华爱相求。

“最牛班委” 唯吏是图？

报童（编导饰）：号外！号外！今天头条：南师大“最牛班委”显神威啦，公务员考试如砍瓜切菜！号外哎，戴眼镜的，买报纸不？

西葫芦

我在这唠新闻，你过来咋呼报纸头条，欺负我没新闻还是怎么着？

报童（编导饰）：我这新闻可不一般啊，南京师范大学一个班六个班委，班委你懂吗？有班长、团支书、组织委员、计生委员不不，这是村委里的，记岔劈了，反正六名班委全部考上公务员，什么省市国税局、工商局、城管局等等，人称“最牛班委”！

小昱

纳尼？有着“天下第一难”之称的“公考”，在这个班的班委面前，居然成了“小菜一碟”，我对他们的佩服犹如滔滔小清河的水，连绵不绝啊！

李博士

不错，特别是现在“博士生一走廊，硕士生一礼堂，本科生一操场”，一个班公考能连中六元，确实不易。

报童（编导饰）：那是，都说中华儿女多豪杰，谁能当官谁是爷！话说这六位爷……行了，你们不买报纸不和你们扯了！号外，号外，南师大“最牛班委”显神威……

西葫芦

老虎不发威，你当我是 Hello 猫咪啊！你说公考，那我也说公考，咱比个高下。前不久，有个江苏男子，在公务员考试面试中得了高分，开着车，哼着那《最炫民族风》，就回家了。谁知由于心情过于激动，撞上路边大树，造成树上午睡的陈某心脏病发作死亡，车也撞个粉碎。

李博士

他有张良计，你有过墙梯，葫芦兄是铁齿铜牙不相让，新闻还是你最浪，浪费的浪。考个公务员高兴得车都不要了，多浪费啊！而且，还牵连无辜。

小昱

活生生的现实版“范进中举”，可怜那个午睡的人躺在树上也中枪，生不逢时、睡不逢树！

西葫芦

其实别管是“最牛班委”的热炒还是“撞树考生”的悲剧，还不是因为那句话：万般皆下品，唯有仕途高！就是想混个一官半职。

李博士

可要每人都“学而优则仕”，优秀的人才全去考公务员，谁来做科技创新，谁来发展我们的企业？可惜了青青子衿们的热血年华。

西葫芦

专家们说：美国打伊拉克、利比亚为了石油，网友们也按照这个理论做了一下推理：美国打越南，那就是为了香蕉；打韩国是为了泡菜；封锁古巴是为了雪茄；出兵日本就是为了电影；与德国争端是为了啤酒；要是和中国有了矛盾，哼哼，那一定是为了考公务员啊！这正是：

最强班委公考牛，乐极生悲惹人愁。
人尽其才兴国计，岂能为仕而学优。

性格太内向　录用是妄想？

西葫芦

公务员、公务员，想要考上难上难；专业对口第一关，往年病史不可瞒；天文地理考行测，公文申论非一般；斩荆披靡过笔试，结构面试心不安；淘尽黄沙始见金，政审体检两高山；万般考验皆已渡，性格内向——快滚蛋！

小昱

哎，你这是哪一套啊，前面说的公考考试难于上青天是现实情况，地球人都知道，最后咋整出个性格内向就滚蛋？

西葫芦

不懂了吧，这叫“性格决定命运”，只要性格不符，即便你是文胜孔孟、武赛孙吴，笔试面试全部通过，也一律 pass、pass！概不录用！当然这不是我说的，是媒体报道中国保险监督管理委员会下属某省监管局说的。光听这名吧，经验告诉咱，带“保险”俩字的单位不一定保险啊！

晓彤

保险不保险的也不能不靠谱啊！嫌考生性格内向，那面试是干什么吃的？性格内向得都不合适岗位了，都能过了那三堂会审的结构化面试吗？

小昱

这是内向呢还是有内幕呢？不禁让人想入非非啊。

因内向被拒录考生（编导饰）：道不尽心中无奈，诉不完人间哀怨，腼腼腆腆都是愁。性格内向的我、没有关系的我，公考路漫漫又长远。

西葫芦

你这又唱又演的，可不像他们说的因性格内向得和岗位不匹配啊？

因内向被拒录考生（编导饰）：哎，匹配不匹配，还不是人家说了算？和我一块被刷下来的还有两位，一个嫌协调能力弱，一个嫌年龄小，通过了层层资格审查和考核，最后又说人家年龄太小，不更悲催吗？不说了，最近我在学星爷练口才，来年再接再厉。

晓彤

欲加之罪其乐无穷啊，这个鸡蛋里边挑骨头法，谁能抗得住？我看监管局的领导匹配度也有问题。

西葫芦

他们这不也坐不住了吗？出来回应说，其实是这三名考生违反了招考纪律，可要问是违反了哪条招考记录，那可比被涮的考生还要内向，羞羞答答就是不说。难道是因为这几个考生知道的太多了？哎呀，这还真是越来越扑朔迷离了。其实啊，他们越是欲盖弥彰，我们越是心如明镜。这正是：

头名考生被拒录，性格内向实无辜。
荒唐理由何其多，背后猫腻都有数。

又去抢盐　有完没完！

西葫芦

我们中国人作为“盐黄子孙”，对抢盐这事向来是情有独钟，“非典”来了我们抢，日本核泄漏了我们也抢，甚至有人说：你若抢盐不刻苦，不如回家卖红薯！

晓彤

可是葫芦，盐抢多了人生最大的悲剧就容易发生了，那就是盐还没吃完，人先齁死了！

西葫芦

这个事啊，别的地方倒不用担心，可兰州市民真得注意点，为啥呀？去年抢的还没吃完，现在又抢上了。从 2012 年 4 月 3 号开始，兰州各个超市频频出现抢盐大军，那乌压压的人，简直比《秀才来了》的粉丝还多，6 吨食盐不到一天就卖完了。

欣欣

历来抢盐大军虽然雄赳赳气昂昂，可从来不兴无名之师，过去是怕非典、怕辐射，这次是所为何事？

西葫芦

“为啥抢盐挤不动，兰州拉面口味重”，当然这是不可能的了，口味重的一般是老外，不是咱国产的，其实啊这次抢盐……

兰州市民（编导饰）：君不见，兰州之盐天上来，奔流到海不复回。君不见，超市厨房摆成堆，朝盐尚在暮成空。人生得意须尽欢，莫使盐缸空对月。天生我材必有用，吨盐散尽还复来！

晓彤

大兄弟，你这一首《将进盐》吟得太来感了，不过既然知道“吨盐散尽还复来”，你们还抢个什么劲啊？

兰州市民（编导饰）：这你就不懂了吧，俗话说得好：“干活先吃饱，抢购要趁早。”我一早打听好了，俺平时吃的“绿色精制碘盐”马上就要停产了，我和它这么多年朝夕相处、咸味浓浓，它要走了我心里空落落的……但最主要是，以后就没这么便宜的了，接着去抢盐了，就不给你们捎了，提不动。

西葫芦

各位先别忙着笑话他，因为他知道的已经太多了，很多兰州市民削尖了脑袋把盐抢到手了，拼到最后也不知道为啥要抢，反正别人抢我就抢！不管有没有，先要抢到手；传言真不真，屁股后边跟。

欣欣

这就是盲目从众，其实当地盐务局已经明确表态，正在抢购的食盐并没有断货或者涨价的说法，出现抢购的现象，主要是一些市场不良商家和批发商无中生有、造谣生事。

西葫芦

戴假发总会被风揭穿，说假话总会被人揭穿。怎么样，现在真相大白了吧？葫芦希望大家不要再盲目从众，也希望有关部门把那些造谣的奸商揪出来。他们不是想卖盐吗，我们就给他们点“盐”色瞧瞧。这正是：

兰州造谣盐断货，市民超市把盐夺。
莫要盲目信传言，三思后行不为过。

“舌尖”遍中国　一波又一波

西葫芦

潮流就像在导演家门口排队的小演员，你永远不知道下一秒火的是谁。前阵子有个纪录片火了，叫《舌尖上的中国》，网友称赞这片子不光拍得美，它的名字更美，形神兼备、余味悠长，不过要葫芦说叫什么《舌尖上的中国》，直接叫《桌子上的饭菜》不一样吗？

晓彤

你个上过大学的文盲，“舌尖”这词多棒啊，跟你说纪录片火那是一时火，流行词火那才是真的火，不信去看看电视、上上网，无处无“舌尖”啊。

西葫芦

这个葫芦倒是深有体会，现在考试有《舌尖上的高考》、商店有《舌尖上的衣服》、房地产有《舌尖上的楼市》、路口有《舌尖上的公厕》，这个还没有，但照这个架势，以后也说不定。

菲菲

舌尖很忙啊，可我觉得吧，有些词用得太多了难免有想吐的感觉，像这舌尖上的楼市、舞蹈、股票，实在太牵强了！

西葫芦

何止是牵强，简直就是瞎扯，扯圈，你看最近很火的欧洲杯，也有人说《舌尖上的欧洲杯》，欧洲杯球踢得是好，可它跟“舌尖”又有啥关系？

晓彤

这叫文体！文体懂不？它本身就是一种创意，像“吃早饭”，用淘宝体就是“亲，饿了吗？早饭包邮哦”；换甄嬛体就是“琢磨着是早膳时间了，可传二食堂给本宫送焖饼”；现在舌尖体就是“食堂阿姨顾虑到方便面营养偏少，加入了少量青菜，点上一个剥好的鸡蛋”……

西葫芦

行了，晓彤我跟你说，你口中的文体，即便再流行，也只会是昙花一现。啥叫创新，人无我有、人有我新、人新我奇、人奇我怪，这叫创新。

菲菲

说起来容易办起来难。看看电视上，这边《非诚勿扰》，那边《我们约会吧》；这边《我型我秀》了，那边就《绝对唱响》；最懒的是《中国达人秀》和《中华达人秀》，你多换一个字能死啊！

西葫芦

还有最好玩的是一种节目，节目里的人都像打了鸡血一样，勇往直前！可往往没走几步就掉水里去了，大家为博收视，只能越穿越少。舌尖上的中国，需要复制的不是“舌尖”这个词，而是它成功的模式。这正是：

舌尖之上说中国，遍地舌尖一撮撮。
抄袭滥用无营养，舍本逐末空蹉跎。

照搬参考书　索骥须按图？

西葫芦

如今和“裸”字有关的词很火。不买车房的结婚，叫“裸婚”；家属移居国外的官员，叫“裸官”；不留一分钱给子女的捐款，叫“裸捐”；洗完澡、登上QQ、打开摄像头，这叫裸……总之没有哪个社会把“裸”字用得如此频繁，当然了，原始社会除外。

晓彤

最重要的你咋忘说了呢，“裸考”啊！尤其是考公务员、事业单位，多少人不复习、不看书，一人一笔直接上战场。

欣欣

非也，有道是：考前不看书，考后抱头哭。临阵磨磨枪，早晚会风光啊！

西葫芦

掌握了！因为考前你一翻书，说不定考试原题就在里边！就像陕西米脂县的事业单位招聘考试，人家考试的试题就全部出自一本名为《公共基础知识》的备考书籍。

考生（编导饰）：哎妈呀！当时我就震惊了！当时我一看这题，连选项位置都和那本书一个脸的！考完出来，看过这本书的脸全歪了，没看过的脸全肿了。歪是笑歪的，多滋啊全原题；肿是恨自己没看书，自己扇肿的！

西葫芦

那你看过这书，你脸不也没歪吗？

考生（编导饰）：呜呜，我就看了一个题就借给别人了，你看我脸肿的。唉，一失足成千古恨，再回首已百年身，后悔啊……

欣欣

这出题的得懒成什么样啊，教授写论文还知道这抄点那抄点呢，你们怎能光在一只羊身上拽毛呢？

晓彤

这不是懒，没听出猫腻吗？题全出自一本书，那弄虚作假太简单了，只需要透露参考书的名字，就算像二师兄一样的，看两天也能得满分啊！

西葫芦

怎么说话呢！不过肯定有猫腻，米脂县选考题的这本参考书，在米脂县内竟然买不到，凡是看过的都是从外地托人买的，有意思吧？面对质疑，县招考部门却给出了驴唇不对马腚的回应：关于错别字的问题，我们也没办法……

考生(编导饰):哎妈呀！当时我又震惊了！一套试题全错别字，我琢磨这是在测试我们的反应能力，就把错别字全改了过来，以为会加分！谁知道是盗版辅导书太猖獗，把爷给害了！

西葫芦

咱平时听惯了“萝卜招聘”，专业、岗位设置甚至性别都是一个萝卜一个坑，量身定制。如今升级换代，上演考题定制的好戏，虽然只是少数，但也足够让众生们捶胸顿足，恨爹不如人啊！这正是：

神通广大备考书，考题皆自神书出。
贻笑大方损公平，无言以对夜半烛。

爱情诚可贵　礼金价更高？

西葫芦

咱中国婚丧嫁娶习俗特别多，尤其是结婚，天南海北说法各异、规矩繁多，可也有一点不谋而合，那就是订婚男方要给女方送钱、送礼，有道是：天下洞房朝南开，有情无钱莫进来。

菲菲

这很正常，礼金相当于定金，女方接受了就代表这双方婚约成立，这是自古有之，早在周朝就有记载：“凡嫁女娶妻，入币纯帛，无过五两。”这五两就算是礼金。

西葫芦

现在的丈母娘下手可比古代狠多了，据传，菏泽部分地区，订婚礼金要论斤称，要送三斤三两人民币，大约十三万六千元。您要是学古代就送五两，估计也就值个 QQ 号。

小昱

这是卖闺女呢还是卖闺女呢？婚姻的基础是感情，而不是金钱，你这订个婚就狮子大开口喊出这么高的“价码”，那没钱的就不结婚了吗？

西葫芦

法还不外乎人情呢，条件差点的有“四万四”、“六万八”、“八万八”等不同标准。我看在菏泽，真是儿子结婚愁断肠，女儿变成招商银行啊！

菏泽情侣女（编导饰）：你哭着对我说，童话里都是骗人的。

菏泽情侣男（编导饰）：我不可能是你的王子，也许你不会懂，从你说嫁我以后，你的妈妈眼睛都亮了。为啥亮啊，就等着收礼金了，可是肉丝，我们家的条件你也知道。

菏泽情侣女（编导饰）：Oh，No！杰克，难道你忘了当年大明湖畔的，不，是水泊梁山旁的小肉丝了吗？

菏泽情侣男（编导饰）：肉丝，我当然忘不了你，可你家订婚礼金要八万八，我回家使劲扒，才凑了八百八，肉丝，我们此生无缘啊！

西葫芦

我西葫芦最看不惯棒打鸳鸯，我找二老去，我问问他们是钱重要还是女儿幸福重要。

菏泽情侣男（编导饰）：葫芦你不懂，这是习俗、是规矩，礼金太少会被人看不起的，为了她们家能抬起头来，我选择离开。

菏泽情侣女（编导饰）：杰克，若有来生，我必相依……

小昱

让我说什么好呢，可歌可泣、可笑可恶啊，看来最可怕的还不是恶俗，是攀比，是面子，是虚荣心！

西葫芦

这世间，真心本来就稀缺，就更该俭省。不光菏泽，很多地方都有攀比礼金的恶俗。梁山伯、祝英台的爱情悲剧，也是因为祝家收了马家的财礼，才逼得两人双双化蝶，从世俗中解脱，难道这种事在现实中还要继续上演吗？这正是：

三斤三两纯现钞，订婚礼金水涨高。

虚荣攀比误子女，婚姻恶俗早日抛。

富豪征婚　真意几分？

西葫芦

欢迎来到“亿万富豪海选老婆”活动现场，这里是《秀才来了》赛区！下面宣读比赛规则，不合条件者，请自动离场！妙龄少女，身材窈窕，大学学历，身心健康，命相富贵，才智双全，擅长金融，原装处女！奖品为300万房产一套！有请评委、相学专家糊涂子大师。

评委（编导饰）：钱真是祖宗，上《秀才来了》海选招亲，想打光棍都难啊！1号，翠花。

美女（编导饰）：到！我原名爱新觉罗·杜子腾，翠花是我英文名！洋气吧？

评委（编导饰）：取这么个艺名，你智商少说也得250！有什么爱好、特长郎贤的吗？

美女（编导饰）：爱好花钱，头发特长，还是自来卷哦！家里蹲大学屋里系毕业，需要才艺展示吗？我会胸口挂钻石，几百克拉也不嫌沉！啥时候跟糟老头，不，钻石王老五入洞房啊？

评委（编导饰）：别急，面相还不够旺夫，鼻子得动动刀，鼻孔不朝天，哪能抱金砖？头太小脸太薄，耳朵不够大，能耷拉下来才行，左脸这颗痣挪到右边，右脸这颗挪到左边，左眼……

西葫芦

就你这标准，除了猪八戒，谁卡的上啊？麻利滴，走你！

晓彤

美女，你也别站这儿做梦啦，脑残也是病，得回家治！天下之大，也没你缺的那块心眼大，高富帅还能留给你？一心飞上枝头当凤凰，小心撞电线杆子上，破了你的旺夫相！

欣欣

富豪如此多金，能不引无数美女竞折腰嘛？上回广东富豪海选娇妻，3000 号美女报名，下至十八上到六十！我说大妈呀，能不瞎掺和吗？人家选的是少奶奶，又不是老奶奶！

西葫芦

更不是奶妈啊！不过海选海选，没个人山人海、老少通吃，还叫海选吗？跟皇帝选妃一样，选秀就得大场面，全球美女总动员，宁选丑女千万，不让一个佳丽跑出五指山！杨贵妃就没赶上选秀，害得唐明皇，硬从儿子手里扒灰，挨尽天下骂，你说这海选多重要！

晓彤

仗着自个儿有几锭银子，就敢封自己“土皇帝”，学皇帝选爱妃呢？那你别打出征婚的旗号啊，直接叫二奶选拔赛，或者是小妾海选，那不更好嘛！

西葫芦

某些有钱人就好这口！不过，光看着这些准阔太太们挤破头，所谓的富豪压根就没露过脸，还不定是哪个穷小子，躲后台笑呢！姑娘们，快回家吃饭吧，别给爹妈现眼了！这正是：

许诺千金觅佳人，豪门海选机关深。

独占花魁莫得意，一着不慎误终身！

专家成“砖家” 早晚得抓瞎

西葫芦

这年头，各式各样的“专家”越来越多，你随便朝街上扔块砖头，就得砸中十个八个的，不能白叫“砖家”是吧？今天，又有些专家要挨“板砖”了！谁啊？福建某企业请来的，参观黑熊取胆的“专家”。那学问老大了，不开口则已，一开口就语不惊人，他死不休啊！“我们经过实地考察，认为之前把活熊取胆，比喻成开自来水管的说法，是非常错误滴！确切地讲，给活熊插管，就像女孩子们打耳洞，而取胆汁的感觉呢，就像奶牛挤奶，又像婴儿吃奶，是没有痛苦的！”

晓彤

Oh,my ladygaga！这专家们还真是越来越贴近生活了，他是打过耳洞、挤过牛奶，还是给孩子喂过奶啊？就这智商，也就是个吃奶孩子的水平啊！

西葫芦

说话注意点！小心专家把你鉴定成个火星人啊。地球太危险，快回火星去！

欣欣

嗨，这专家出的笑话还少吗？还记着周正龙造假的野生华南虎照片吗？全国人民都看得出来，它就是张年画伪造的，可就专家眼瘸了，硬说这照片是真的。呜呼哀哉，最后还不是自己打了自己的脸，无地自容喽。

晓彤

这算什么，还有那个叫“闫沛东”的专家，自称手握十多个“铁证”，高调质疑安阳发现的曹操墓造假，迅速蹿红！好家伙，你猜最后怎么着？这“闫沛东”竟然是个逃犯，名字是假的，身份是虚的，“铁证”是空的，这一假到底，还真是令人惊叹。

西葫芦

哎，咱说了半天，好像落下个最重要的专家，张悟本啊！晓彤，你体质虚弱，吃点绿豆补补吧；欣欣，你体质虚胖，也得吃点绿豆调调。就是这个养生专家，说了句吃绿豆包治百病，全国的绿豆都卖断货了。脉象不齐吃绿豆，糖尿病、高血压吃绿豆，头上长疮吃绿豆，脚底流脓还吃绿豆。你说你是坏透了啊，还是“王八看绿豆——对上眼”了！

晓彤

现在啊，调侃“砖家”都成了网友的一大乐趣，有些专家，刚在媒体上露了个头，就被网友拽出来，用“口水”淹成了“口水鸡”，用“板砖”拍成了“纸片人”。

西葫芦

这能怪谁？桥垮了，专家说和质量没有关系！房价高了，专家说和地价没有关系！泥石流了，专家说和植被没有关系！发育早了，专家说和奶粉没有关系！不良反应，专家说和疫苗没有关系！

欣欣

这就叫自作孽不可活，整天谎话连篇，没点正事的“砖家”，老百姓不骂你骂谁乎？

西葫芦

是啊，不骂你骂谁？难道专家专家，就是“专门造假”啊！不要迷信专家，有时，那只是个传说。

涂鸦疯狂　杜甫很忙

西葫芦

如果唐代诗人杜甫还活着，今年就一千三百岁啦。他不做诗圣好多年，江湖上依旧有他忙碌的身影！以前苦大仇深过日子，如今躺着也中枪，一下子快活起来了，还要跟我抢饭碗，不靠谱啊！

晓彤

杜先生可比你有才！开摩托骑白马，打机枪卖西瓜，戴上墨镜耍酷，穿上队服打球，太潮了！当红炸子鸡，魅力机车男，正是我的菜啊，点了！

西葫芦

你的菜不是林书豪吗？让杜甫跟林书豪来个 PK，你买谁赢？

晓彤

一百倍买杜甫啦！菲菲你可别跟我抢！

菲菲

我不跟你抢，我要给三姑妈的小姨夫写信，推荐杜甫先生为年度好好先生，骑自行车买菜回来，是不是就该洗手做羹汤啦？杜太太真是好福气啊！

西葫芦

果然美女眼里净是帅哥，网友都是神笔马良！本来杜甫画像，只是小学语文课本一幅插图，杜甫坐在石头上，一脸人生几度秋凉，“风急天高猿啸哀，渚清沙白鸟飞回”，还没抒完情呢，就被小学生一个天马行空，来了顿涂鸦，从唐代穿越到了新中国，一夜爆红成了网络达人，忙得是一塌糊涂、一发不可收拾啊！哎呀妈，还真来了。

杜甫（编导饰）：本来我想“安得广厦千万间，大庇天下寒士俱欢颜”，可房价比天高，写诗赚钱少，就偷偷搞了点副业，累了就上上 QQ 打打 CS！

菲菲

作为一名著名诗人，你最想给大家说的是什么？

杜甫（编导饰）：诗人，首先要有好的气质，你看我，无论骑摩托车，还是开飞机，装瞎子算命，还是走江湖卖狗皮膏药，就算美女坐怀，哥也绝不凌乱！

西葫芦

看出来了，一直保持45度凝视前方，一千多年了，你也没落枕？

杜甫（编导饰）：落枕不可怕，就是岁数大，“万里悲秋常作客，百年多病独登台”，我累啊！苦点累点我忍了，有些小盆友非逼我做高难度动作，美少女战士、制服诱惑郎贤的，愁得我“白头搔更短，浑欲不胜簪”，这帮熊孩子！

西葫芦

杜甫很忙，还要出卖色相，你说招谁惹谁啦？冤有头债有主，只怪生活太辛苦，忙里偷闲给杜甫先生化化妆、打扮打扮，不过你也得手下留情啊，杜甫可是个文化人儿，咱也别整得太三俗啦！这正是：

杜甫很忙被涂鸦，博君一笑值得夸。

疯狂恶搞须有度，莫让诗圣成怪咖！

胶囊变毒瘤　良心变狼心

西葫芦

很久很久以前，两只皮鞋相爱了，它们相依相伴，慢慢变老，却被主人无情地丢进了垃圾桶。过了好多年，它们再次相逢，不料，一只变成了酸奶，一只却变成了胶囊！哎，谁叫它们都有种特殊的成分——工业明胶呢！

小昱

哦哦哦，那我以后想喝酸奶啦，就扒下皮鞋来舔一舔；要是感冒了，再扒下皮鞋来舔舔，鼻涕去无踪，明胶真管用啊！

欣欣

少年不知愁滋味，皮鞋下脚料有明胶，造出的胶囊重金属超标，还不是一两个药丸的事儿，就连天天吆喝“良心药、放心药”的也有问题，吃药就等于服毒啊！

西葫芦

救命成要命啦，还良心药呢，快改成“狼心药”吧。一个个小胶囊就是一个个小毒瘤，坑祖宗十八代啊，那我们以后只能：没病自我防范，小病自我诊断，大病，哼哼，自我了断吧！

小昱

阳光点！我们的口号是“积极的、向上的、快乐的、阳光的”，出事的是胶囊皮，这芯儿里的药可没事儿，吃葡萄不吐葡萄皮，吃胶囊可以扒了胶囊皮啊，我给你出个法子，你上街买个馒头，中间掰成两半，再把胶囊的药面这么一撒，趁热捏扁了，哈哈，风味馒头派！

欣欣

那我们温婉的小女子，可以选用上好的糯米粉，加上一丁点的蜂蜜，和好了擀成皮，以药粉为馅，搓成小汤圆，一口一个一口一个，好吃还不腻哦。

西葫芦

你那也太费事啦，还不如直接拿个黄瓜，苹果也行，搁中间掏个小洞，把药粉和水灌进去，再插个吸管，嗨，像喝椰子汁一样简单，自然、无痛，完了之后，我就痛痛快快出去玩了，甚至还很舒服……

小昱

你说的是活熊取胆吧？都说卖药的菩萨心肠，现在倒好，一个个比蜘蛛精还毒呢，整天刺啦刺啦喷毒汁，早晚得把自己灭了！

欣欣

这些个“勤捞致富”的黑心商家，在人命关天的事儿上也打马虎眼，你以为老百姓都百毒不侵呢？这伙子人要被我逮住，就把镜子甩他脸上，刮花他的丑恶嘴脸！

西葫芦

企业为了利益，放心药变成黑心药，这板子是得狠狠打，但宰了小鬼，也不能饶了阎王，从皮鞋下脚料到剧毒的胶囊皮，中间有多少流通环节？上级主管部门一道道关口，一层层检查，为什么跟玻璃窗一样，形同虚设呢？这正是：

黑心药企毒胶囊，饮鸩止渴民心伤。

监管如此不给力，百姓岂不苦断肠？

读书没有错　读者惹的祸

西葫芦

万般皆下品，唯有读书高。现在领导的办公室，一般都得放个大书橱，什么《官场文化与潜规则》啦，《古代帝王驭人术》啦，《阴阳风水学》啊，全是精装本，有的还没开封呢，谁说领导不注重学习啊！

欣欣

再这么个学法，早晚得学成个官迷，为官读书重要，读什么书更重要。《人民日报》就刊登了文章：《领导干部该读什么书》，警告官员不要读错书走错路！

菲菲

哎，读错书的官还真不少呢，原沈阳市副市长马向东，最爱看赌博的书，就连去党校深造，也随身携带着什么《赌术精选》、《实战 108 招》，日翻夜看爱不释手啊。不光读，他还勇于实践，用麻袋背着公款就飞到澳门去豪赌啦，结果输掉了一辈子！

西葫芦

都说书中自有黄金屋，书中自有颜如玉，到了贪官这儿基本上就成了迷魂汤、蒙汗药了。原江西省副省长胡长清，整天钻研什么《肉蒲团》郎贤的，为了理论联系实际，还养了不少情妇，荒淫无度沦为了阶下囚。还有个叫杨枫的贪官，竟然用自己所学的 MBA 理论来管理情妇。本来几十个情妇，争风吃醋，各不相让，自从有了 MBA，情妇管理 SO EASY！

欣欣

他们研究的，都不如贪官胡建学高深，不光自己研读《麻衣相法》、《相术大全》，还经常找高人占卜算卦呢！

西葫芦

你说的那个我知道，相士说："胡书记啊，你修座桥就能当副总理！"人家就真修了座毫无用处的大桥，昂首阔步踩着大桥就进了监狱！你说有点闲工夫，就读这些歪门邪道，能学出好来吗？下面，咱请重庆巨贪胡启能，给我们来个现身说法！

胡启能（编导饰）：根据我多年的经验啊，这读书不在多，贵在精！我一生只读了两本书，一本《春宫图》，你看我笔记做得多认真，这本书为我找情妇包二奶，提供了非常重要的技术支持；第二本是《国企领导人经济犯罪案件剖析》，我通过分析前辈落马的原因，找到了更隐蔽的受贿方法。

西葫芦

快下去吧，都整进监狱去了，还敢出来丢人现眼！我们总监说过一句话：喝酒让人张狂，读书让人心静。《肉蒲团》也好，《麻衣神相》也好，是有贪官读了这些书，但读这些书的未必都是贪官呀。我葫芦也看过几本，但我是取其精华、去其糟粕。古人讲读书的目的是立德、修身、养性、改过，如果没有这种态度，你就算博览群书也终是百无一用。这正是：

治天下者先正心，治国安邦贵修身。
精神鸦片不沉溺，取其精髓始叫真！

自来水有“毒” 半数难下肚

西葫芦

俗话说，君子之交淡如水。这说的是唐朝大将薛仁贵，立了大功被封为“平辽王”，很多文武大臣都赶着来送礼巴结。可是薛仁贵啥都不要，他只收下了老百姓王茂生送来的两坛清水。他说，我落难时全靠王兄资助。虽然送的是清水，但这是王兄的美意，要收！说完豪爽得喝了三大碗，这就叫君子之交淡如水。不过现在，谁要敢说送我清水是美意，我跟谁急！

欣欣

葫芦，这清水怎么得罪你了？你是被毒牛奶和毒可乐吓糊涂了吧。真是“一朝被蛇咬，十年怕井水”。清水惹你了？

西葫芦

清水可不清白。我跟你说，咱们的自来水合格率才 50%！你不怕，你喝喝试试。喝两杯，中一杯，妈妈再也不用担心我的身体了。

小昱

真是毒不死人不罢休啊！咱都是百毒不侵的“毒生子女”了。我为了养生还天天八杯水呢，敢情每天有四杯是污水！我这是养生呢还是养病呢。

西葫芦

“每天八杯毒，保你青春永驻。”女人都是水做的，多喝水好。

欣欣

葫芦你这是埋汰人吧？以后谁跟我说女人是水做的，我跟谁急。

小昱

你俩先别吵。其实 2009 年的时候，有关部门就做了水质普查，但是数据到现在也没公布。这就让人琢磨了，到底有啥见不得人的啊。是骡子是马牵出来遛遛，是清水是污水端出来瞅瞅。

西葫芦

放心，纸里包不住火，没有不透墙的风。这不，很多专家权威都说了，监测到的实际合格率也就 50%。“我今天又喝了自来水，是我嘴巴犯的罪。污染堪比敌敌畏，这么活着真是累。”自来水有毒啊。

欣欣

怎么说呢，恨他，就请他喝自来水。哎，你说不能直接喝，那我烧开了喝总没问题了吧?

小昱

那也不行。烧开只能杀死微生物,但没法除去一些有机污染物和重金属离子。反正吧,这工艺设备是自来水厂应该解决的,不能什么都指望咱家里的烧水壶吧?

西葫芦

其实咱们的口号还是很响的,目标还是很远的,饮用水标准里,光指标就有 106 项! 不过呢,前途是光明的,道路是曲折的。葫芦我就不明白了,现在要想不中毒咋就这么难呢? 这连水都不能喝了,你让我们天天喝油吗?! 这正是:

问题清水猛于虎,半杯水来半杯毒。
调查数据难公布,怎教百姓能信服?

实习敲门砖　存款五十万

西葫芦

药药切克闹,现在工作真难找。爹娘有势随便选,无门无路只等闲。好不容易进复试,还要爹娘先存款。药药切克闹,实习标价五十万,招人还是招存款?药药切克闹切克闹,没钱就业真叫难……

欣欣

哟哟,逼得葫芦唱 Rap,这事又小不了。你看他都不会好好说话了。

西葫芦

别提了,一说我就来气。你说一些用人单位,真是缺德,变着法地难为学生。今天看到这么条新闻，说的是渣打银行某分行要招聘实习生，条件竟然是，父母得先存款五十万成为银行的 VIP 客户。否则，免谈。

晓彤

我去！你当学生都是取款机，人家爹妈都是印钞机啊。我说你这是招员工还是招储户？哦不对，你这是想要人家孩子，还是想要人家爹妈？

西葫芦

哎，这就叫要想来实习，先得看家底。葫芦我出了副对联，上联：求职无门难坏读书郎，下联：招聘有道只拼爹和娘。横批：恨爹不成刚。

欣欣

好对啊葫芦，这比某作协女作家对得可工整多了！你想想，普通老百姓有几个能随便甩出五十万？这是赤裸裸的拼爹啊。

西葫芦

人家银行说了，VIP 客户也分好几个档次，有五十万的，也有十万的。说白了，就看你爹是什么档次，对号入座，排排坐，吃果果。要是你实在挺优秀，银行也愿意把条件降一降，存十万就给你个实习生的名额。怎么样，够人性了吧？

晓彤

我呸！快别糟蹋人性了。我说外资银行就是财大气粗不含糊啊，一开口都是十万起价的。让我们这些屌丝们怎么受得了？

欣欣

人才人才，人能生财。眼光放长远点，老惦记着几块敲门砖算什么能耐。

西葫芦

其实这种缺德事在咱们老祖宗那里就有，叫卖官鬻爵。朝廷把官职公开标价，出够钱就能当官，这在当时不叫“卖”，而叫“捐”。官职都是拿钱“捐”来的，那还不得变本加厉捞回去？所以才有“三年清知府，十万雪花银”之说。这渣打银行虽是外资银行，看来对中国这些历史还挺有研究。不过，当今中国可今非昔比了，要想在中国做好企业，还是先学会平等尊重、责任道义吧。这正是：

银行招聘设门槛，存款竟成敲门砖。
罔顾平等与尊重，选贤岂能只认钱？

商家只图利　罚单伤不起

西葫芦

阳光明媚五月天，葫芦我来谈一谈。制假售假行不得，一旦被抓要法办。话说湖南某商贩，淘宝热卖假毛衫。售假利润一万块，一审判罚两千万。天价罚单付不起，案情又有新进展。二审改判两百万，夫妻仍是苦不堪。四处借债交罚款，倾家荡产不足还。依着葫芦来细看，万恶之首心太贪。再穷不赚昧心钱，诚信守法是底线。

欣欣

我听明白了，葫芦你说的是湖南那个李清吧。这人进了三万件假羊毛衫，自己贴商标，什么鄂尔多斯、恒源祥，哪个贵贴哪个。我说葫芦，改天我也照着你画个瓢，拿去当葫芦卖。

西葫芦

你拉倒吧，我告你侵权啊。

晓彤

就是，欣欣你要真这么办，我头一个去砸了你招牌。

欣欣

为什么啊？

晓彤

我最恨这些挂羊头卖狗肉，挂葫芦卖瓢的。你看上次达·芬奇家具造假那事，一年销售额四个多亿的企业，才罚了它一百三十三万，这不是九牛一毛吗？要我说，就得重罚。这个李清，罚他两千万，活该！

西葫芦

然也，不过呢，要罚也得有个标准。这罚款额是怎么算出来的，得说清楚，让人心服口服。跟达·芬奇那一百多万相比，这两千万的罚单确实让人生疑。再说了，天价罚单一开，很容易变成“空罚”。要钱没有，要命一条，死猪不怕开水烫。这么一来，判决也就没有意义了。

欣欣

跟国外那些判几百年徒刑的一样，一判就是几百年上千年的，听起来倒是挺唬人，其实跟无期还不是一个样。光整这些虚的有什么用。

西葫芦

李清家里也不能接受这个天价罚单，这不，二审结果昨天刚出来。这罚款额就跟他的假羊毛衫一样，是严重缩水啊，从两千万一下子变成不到两百万。

晓彤

这判决真是孙猴子的脸，说变就变啊。难道一审法官也眼花了，多看了个零？

欣欣

听说这家人还要继续上诉。我说早知今日，何必当初呢。真是不见棺材不落泪，不见罚单不知悔啊。

西葫芦

是啊。其实要说打假，自古以来就有法令。在唐代是要挨鞭子的，在宋代改成打板子，严重的还要被流放甚至被处绞刑。我说那些无良的商家，你们可千万别穿越回去，否则……你们自己想去吧。这正是：

造假商贩终被判，天价罚单苦不堪。

唯利是图悔当初，法律岂容你触犯？

“天价”春茶频现　公务消费难堪

西葫芦

“待到春风二三月，石炉敲火试新茶。”每年呐，都有“天价”新茶，可今年了不得了，争先恐后，一波接着一波！前不久，十八万西湖龙井的风波还未平息，现在信阳毛尖，又横空出世。最近在信阳毛尖春茶开采启动仪式上，有很多茶叶企业宣称要将一款信阳毛尖打造成面向“公务消费市场”的新“茶奢侈品”，每斤售价十三万元。

晓彤

哎，这是要疯！这不就是炒作嘛，怎么可能这么贵啊，物价部门就不管管吗？

李博士

哎，晓彤，此言差矣，信阳毛尖乃中国十大名茶之一，具有生津解渴、清心明目、提神醒脑、去腻消食等多种功能，饮誉中外。所谓“物以稀为贵”，极品毛尖产量稀少，价格固然很高，这也无可厚非。

晓彤

嗯，言之有理，呵呵，可是为什么要针对“公务消费市场”呢？按理说，越是珍贵、稀缺的商品，越应该拿到市场上卖啊，通过激烈竞价，这样才能实现收益的最大化呀。

西葫芦

哼哼，十三万一斤，放到老百姓面前当观赏品还差不多，老百姓哪能买得起啊？此前热炒的龙井明前茶、熊猫茶，再到现在的毛尖，“天价”戏轮番上演，这说明很有市场啊，市场在哪儿呢？

茶商（编导饰）：市场在哪？火车跑得快，全靠车头带；春茶要想卖得好，全靠政府掏腰包。老百姓我们是不指望的，估计你这个瓢也买不起，我们的对象就是公务消费，嘘，别声张啊，他们让我一定保密，嘿，谁用谁知道。

李博士

嗯，人家定位很准确嘛，现在很多公务场合信奉烟酒茶不分家，送上门品吸品饮品尝，官员可欣然笑纳。再加上“三公消费”财大气粗，全在幕后交易，因此，才会出现“没有最贵，只有更贵”。

西葫芦

不错，我们可以设想一下，如果“公务消费”一分一毛公开透明，或者是“公务消费”直接取消，你说这种“天价”的东西还会有吗？

李博士

那就“马失前蹄”，恐怕就难以立足了吧，你想想，此中真谛就是“买者不饮，饮者不买”，如果“公务经费”这棵摇钱树没了，“天价”之商品自然会春梦了无痕。

晓彤

嗯嗯，对呀，我觉得这个很“然也”。

西葫芦

博士就是博士哈，分析得很透彻。这些年，公款消费奢侈品的恶习，把老百姓对有些部门的信任弄得千疮百孔，你们还没意识到吗？“君子之交淡如水，春茶一盏显清廉”，醒醒吧，别糟蹋了“春茶”。这正是：

春茶又刮天价风，欲攀公务消费峰。
奢侈恶习若不改，权威公信势必崩。

问责呼吁　莫成笑谈

西葫芦

“坚持做良心药、放心药、管用的药，请服用‘皮鞋’胶囊！”“得了脑中风，就用卖得疯！”“消除血栓，就要风华再造胶囊，不怕病重，吃上就见效！”

晓彤

呵呵，这不是明星代言的那些虚假广告嘛，你怎么又拾起来了，怎么，你也想沾沾光啊？

西葫芦

沾什么光啊，要啥自行车！说的是最近，“媒体购物专业委员会”和“中国广播电视协会演员委员会”开了个碰头儿会，呼吁所有广播、电视、网络等媒体，停止发布名人、明星代言的药品、医疗器械、丰胸、减肥等夸大功效的电视购物广告。

晓彤

哎呦，这个中国广电协会演员委员会不都是明星们组成的吗，他们这是在自我检讨啊！不容易啊！

欣欣

不对啊，我怎么觉着着有点推卸责任、保护自己的味道呢？感觉做这个虚假广告的责任都在这些企业和媒体啊！

西葫芦

呵呵，欣欣就是厉害，拿照妖镜一挥，就能看出原形！不错，问题就在这儿，这两家委员会碰头儿发出的呼吁声，矛头对准的都是企业和媒体啊，对于明星本人，人家一字没提！

明星经纪人（编导饰）：哎，明星们是无辜的，悲催的，有些厂家产品的证件都很齐全，很正规，但谁知道它会出问题呢！

欣欣

你说这个我就不爱听了，在美国、法国、加拿大等国家都有严格规定，名人为产品做广告，必须本人先使用，并且确实有效后才行，否则就要被指控或者坐牢！你们怎么不先试试呢？

晓彤

嗨！那毕竟是国外嘛，在咱们这儿，就算出了问题也只是被“点名”批评。除了点名好像就没有更严厉的处罚措施，人家凭什么拿自己做试验！只要给钱多，什么都堵不住名人的嘴，挡不住名人的腿！

明星经纪人（编导饰）：厂家在生产这种商品，商店在出售这种商品，明星代言只是其中的一个环节而已。你这个小姑娘我看身材不错，我给你找个减肥灵代言好不好？

西葫芦

走你，我们高攀不起。明星们，葫芦得说你们几句，知道你们演技好，做起广告来那是声色俱厉、装腔作势、油腔滑调、鬼头鬼脸；在利益的驱使下，信口开河、夸大其词！害了多少人，误导了多少人！你们还在呼吁这个呼吁那个，先把你们的良心呼吁回来吧！这正是：

贼喊捉贼频有声，责任推卸良心扔。

问责体系需完善，莫让故伎再重生。

劳有所得何惧丑　收入不均很上头

西葫芦

“哦、哦、哦，宁静的小村外有一个笨小孩出生在六零年代，十来岁到城市不怕那太阳晒努力在七零年代！”这首《笨小孩》，唱出了社会底层人们在城市打拼的辛酸，可是最近一段时间，这些人开始被人们羡慕嫉妒恨了！

菲菲

这有什么好嫉妒的，都是靠劳动挣钱，都不容易！

西葫芦

是啊，可有些白领就不这么想了，最近网上热议，“瓦工月薪八千”，“快递员月薪一万没人干”，“月嫂月薪超过一万五”……这些靠体力吃饭的人却比他们这些“脑力劳动者”挣得还多，这些白领心理很不平衡！自尊心很受打击！

白领（编导饰）：是啊，哎，太受打击了，你看哈，瓦工开着私家车去上班，月嫂用的化妆品我舍不得用，保洁工比我们上班少休假多！我们呢？你说能平衡吗？

西葫芦

你那意思就是，“搞导弹的不如卖茶叶蛋的，拿手术刀的不如拿剃头刀的”。

白领（编导饰）：可不就是吗，这日子过得真没劲呀。

小昱

你说这话我就不爱听了，你们坐在办公室里喝茶，人家在工地吃灰；你们一日三餐鸡鸭鱼肉，人家却是粗茶淡饭；你们享受的是崇拜的目光，人家是承受着异样的眼神。这些你怎么不比呢？

菲菲

就是啊，在国外，你比如加拿大，清洁工有着极高的待遇；在美国，采矿工是高收入职业；在欧洲一些国家，灰领的收入已经达到一般白领的两倍左右，让你们去做这些你做得了吗？

西葫芦

对啊，让你去上墙贴瓦你行吗？他们都是从事的高风险或者很多人不愿意干的工作，他们收入没有固定保障、没有这福利那待遇，你们有什么不平衡的？

白领（编导饰）：哎，你们这么说好像挺有道理，好吧，我要是再觉得不平衡，我还来找你们开导哈！

西葫芦

呵呵，咱成心理医生了！其实啊，不管月嫂、瓦工还是白领、科学家，我们不应该光拿着人家的收入说事，最重要的是对社会的贡献，劳动没有高低贵贱之分，都是光荣的，收入多少都是和劳动相匹配！虽然“拿手术刀的不如拿剃头刀”现象确实存在，如果你羡慕，完全可以放下手术刀去拿剃头刀，但是我想问一句，你真的能放下吗？这正是：

白领攀比工资高，灰领躺着也中刀。

劳有所得当自豪，羡慕嫉妒也没招！

韭菜成毒　谁犯糊涂？

西葫芦

美女们，我吟几句诗，请你们来品一下：“夜雨剪春韭，新炊间黄粱。”怎么样？

晓彤

我还以为什么好诗呢，这意思不就是说在下着雨的深夜里剪韭菜，在厨房里做韭菜炒鸡蛋，此情此刻……

西葫芦

此情此刻你锅里的菜已经糊了。想什么呢，那么有意境的一句诗，让你品出厨房味道来了！欣欣你来。

欣欣

我仿佛闻到了“春韭”那独特的清香，那一畦碧绿，多么的清新。

西葫芦

呵呵，要不说穿旗袍的欣欣就有着古典韵味呢。不错，这正是著名诗人杜甫写的赞美韭菜的诗句！韭菜味美自古就让人喜爱啊！

晓彤

还说我，你还不是说着说着就到了吃上了，哎，我最喜欢吃韭菜馅的饺子了，咱下节目去吃吧。

欣欣

欧，你叫着葫芦去吧，我最近对韭菜吧，有那么一点说不清、道不明的恐惧。

西葫芦

欣欣恐惧，我也害怕。你没听说前几天那事吗，一位济南市民在菜市场买了点韭菜，回家做了一顿韭菜猪肉包子，好嘛，一下子，七口人全被放倒了！经医院化验的结果是食物中毒，化验单里查出了有机磷。

欣欣

这不就是农药中毒吗？农药使用超标了呀！赶紧让检测部门化验一下，该查查，该处理处理呀！

西葫芦

是啊，受害者家人也是这么想的，可是这检测的过程让人啼笑皆非！疾控中心对包子馅的检测结果是，一切正常，有机磷没有超标！

晓彤

蒙谁呢，医院都检出来了，你这疾控中心就检测不出？设备不行还是人不行啊，换地儿，继续检啊！

西葫芦

换了，受害者家人拿着这包子馅儿又去了农科院实验室，人家拒绝了！

检测人员（编导饰）：不是拒绝，我们不再受理这种检测业务，农业部委托我们做的实验还有好几百项呢，根本忙不过来，我建议你们再去别的部门检测一下！不好意思！

晓彤

哎呦，“猪鼻子插大葱——装象”呢！还有部门吗？继续啊！

西葫芦

接着受害者又给质量技术监督、食品安全检测中心等部门都打了电话，他们说这件事不归他们管，不给检测！

欣欣

哎，这场球踢得，比国足还臭！

西葫芦

就是啊，这个不管那个不管，你们这些部门到底管什么？这个部门忙那个部门忙，你们到底忙什么？这个检测不了那个检测不了，国家要你们有什么用？要知道中毒的老百姓还在等着你们给个信服的说法呢！要是你们再把老百姓当皮球踢，那在老百姓心中你们什么球也不是！这正是：

韭香飘逸害人家，检测门前荆棘花。

莫让责任空自许，孺子之牛不浮夸。

强行乞讨　分明骚扰

西葫芦

美女们，下面我说的事啊，让我想起了童年，记得那个时候，我们每人拿一根棍子，分帮派互殴，什么打狗棒啦，降龙十八掌啦……咔咔咔……

菲菲

CUT！还缺个人背着个弓射雕吧？到最后你画个哈士奇贴在胸膛上，好嘛，丐帮帮主西葫芦诞生了！赶紧说正事！

西葫芦

OK。想当年人家丐帮侠肝义胆、扶危济困；现在丐帮可笑荒唐、索要红包。最近新闻曝出，温州龙港那疙瘩出现了六个“丐帮”，成员多是兼职，就是自己工作之余，做做乞丐，搞点外快！它们各有自己的地盘，碰见谁家结婚，就上门索要红包，拿到钱之后还会留下一张红纸，收据证明！有了它，你就不会再受其他“帮派”的打扰。

菲菲

小偷偷了东西做个记号，这是“小偷道义”，你乞丐要了红包，也来这一套，你是小偷啊还是乞丐啊！

乞丐（编导饰）：我告诉你哈，说话不要侮辱我们，我们和小偷那简直是一个天上一个地上，我们这是职业道德，给了俺就不再要了，这是证明！

欣欣

你还讲道德，我看就是黑社会，划地盘，收保护费！人家古代丐帮那是饥寒交迫，受人欺辱，实在没办法了才组织起来乞讨，行侠仗义！可是你们呢，有工作，有吃有喝，打着乞丐名义去捣乱，丢人！

乞丐（编导饰）：丢人？贪污腐败丢人吧？坐吃空饷丢人吧？他们贪了吃了给你留下什么了？不还是继续嘛！我们是有自己的工作，捡垃圾、蹬三轮车！可这一天才能挣几个钱啊！电费涨！水费涨！物价涨！去趟医院，挣了大半辈子的没了！怎么活？

西葫芦

那你们这样强行乞讨，也会给别人带来烦恼啊！这个你们想过吗？

乞丐（编导饰）：不用想了啊，这不你帮我们想了，我们那儿就缺一个像你这样有思想的“头领”，西葫芦，接棍！现在封你为我们帮派“打狗棍”名誉继承人，请尽快归帮！走先。

欣欣　菲菲

呵呵，北乔峰西葫芦！恭喜葫芦帮主荣登宝座！

西葫芦

行了行了哈，曾经朱元璋因饥寒交迫病倒在土地庙，被一姓索的乞丐用乞讨来的杂烩熬成汤给救了，后来朱元璋当了皇帝，他赐给这位乞丐一对牛胯骨，可以在十三省随便讨要。葫芦想说，讨饭并不丢人，要讨得正当，讨得让人尊重，嗟来之食咱不吃，这抢来之食你就能吃得下了吗？这正是：

丐帮乞讨闹新房，成员兼职很荒唐。

自古草莽出英雄，莫把正义践踏脏。

“高考保姆”火爆　难保成绩冲高

西葫芦

转眼高考又来到，历代考试情况唠；70 年代去高考，吃俩鸡蛋就很好；80、90 去高考，如同上课乐逍遥；00 年代去高考，爸爸骑车送学校；现在孩子去高考，补习、加餐少不了！

保姆中介（编导饰）：还有我们“高考保姆”服务更周到！再过几天就高考了，赶快给孩子请个“高考保姆”吧！

欣欣

哎呦，“高考保姆”不就是保姆嘛，伺候孩子饮食起居，有什么不一样吗？

保姆中介(编导饰):当然不一样了,高考保姆不是一般的保姆,不但要进得厨房,还要玩得转书房,不仅高中知识要融会贯通,还要会讲激人奋进的段子,鼓励孩子像邱少云一样不怕火烧,像刘胡兰一样不怕铡刀,像凤姐一样不怕冷嘲,像包公一样不怕恶搞!

西葫芦

听得我都想去再参加一次高考了!思想感染力还不错,像你说得这么好,那不是一般人能当这个"高考保姆"吧?

保姆中介(编导饰):那是,不但要高学历,我们还坚持"三个不要":在读大学生不要,没高考经历的不要,文盲更加不能要;"三个排除":美女帅哥排除,青蛙恐龙排除,没当过保姆的排除。

菲菲

大学生对高考应该更有经验啊,为什么不要呢?还那美女帅哥、青蛙恐龙,这又是怎么回事啊?

保姆中介(编导饰):现在的大学生昏天黑地玩网游、谈恋爱,早把当年高考那事给忘了,你敢让他们指挥你孩子战斗?美女帅哥,异性的话会分散孩子学习的注意力,同性的话呢,会打击孩子的自信!至于青蛙恐龙,为了不让孩子发生一看见保姆的脸,三天也吃不下饭的状况,恐龙青蛙姿色的坚决不要。

西葫芦

那么,你准备收多少钱呢?

保姆中介(编导饰):放血价,十天四千元!速交订金,过期不候!喂,不多了,还有几个,赶快订吧……

西葫芦

果然是放血价，不过是放家长的血。每年高考临近，很多家长、老师就出现了考前综合征，不是张罗着给孩子买这个就是补那个。现在“高考保姆”的火爆，无非又是“考前综合征”的一个缩影。葫芦认为，冰冻三尺，非一日之寒，孩子成绩的提高，是长期积累的结果，不可能“一蹴而就，一本万利”，希望家长和考生们以平常心对待高考！这正是：

高考保姆真火爆，效果夸张价格高。
寒窗苦读非一日，勤学积累是正道。

便民小车　“方便”了谁？

西葫芦

亲，你还在为出摊运货犯愁吗？那就快来买一辆便民小推车吧，我们的小推车为个体业主量身打造，周围用彩色钢板包围，美观大方、时尚耐用，是出摊做生意的必备工具，只需 3300 元，过期不候哦亲，请记准“城管牌”小推车。

欣欣

3300 元！你这是什么材料做的啊，葫芦，你接的这个代言好，是个美差啊，这个牌子的产品可多了，你像“城管牌”遮阳伞、“城管牌”冰箱、“城管牌”工作服，以后你可有的赚了。

西葫芦

什么啊，这个牌子还需要代言吗？人家的销售策略是强制执行，这不刚刚有新闻爆出，苏州某街道城管要求商贩统一购买便民小推车，价格是 3300 元，如果不购买，就不让你做生意。

晓彤

哎哟，你这小推车是什么做的，这么贵，这不就是明摆着给老百姓找trouble嘛！买不买是老百姓自己的事，凭什么不买就不让人做生意了。

西葫芦

是啊，这还得问人家城管啊，便民小推车到底方便什么？听听吧。

苏州城管（编导饰演）：我们本着规范管理的原则嘛，统一小推车，既好看也实用，多好啊。再说大家都忙，自己做不太方便，所以呢，我们帮忙引荐生产单位；走统一招标也太麻烦，车子做好以后呢，商户直接给厂家钱，这个钱是绝对不会经过我们手滴。

西葫芦

听听吧，便民就是方便在这儿了，帮你联系厂家做车子。

晓彤

就是胡说八道，老百姓不嫌麻烦，有本事就公开化，统一招标，你们敢吗？再说了，厂家收了钱再给你好处费不一样吗，典型的利用权力强买强卖，典型的滥权行为、坑民行为。哎，你们的形象都成啥样了，上点心吧。

欣欣

之前江苏十二名硕士当城管曾引发热议，为了提高城管形象，需要高素质人才，可是通过这件事我又在想，就算城管都换成了博士、硕士，这些事情就不会发生了吗？我觉得够呛。

西葫芦

说是“便民”小推车,方便了谁明眼人一看便知,起码没有方便那些起早贪黑的小商贩。每次乌七八糟的事情曝出,城管总是有着冠冕堂皇的理由。我们很想相信,但是,执法底线的一次次轻易突破、知法犯法的嘴脸一次次出现在公众眼前,你让老百姓怎样去相信、同情你们?如何彻底提升城管的形象,葫芦觉得,还得从整个执法体制上动脑筋。这正是:

便民推车城管牌,不买不让生意开。
妖魔形象如何转,体制改革最应该。

员工不能喝开水　职场“雷人”规定多

李博士

下面说的,跟水有关,讲个故事先,很简单就两句对白。鱼儿说:看不到我眼中寂寞的泪,因为我在水里。水说:感觉得到你眼泪的温度,因为在我心里。

晓彤

哎呀呀,肉麻,小米粒子落一地。都什么时代了,还整这些你侬我侬、酸不拉几的调调,土!

小昱

博士演绎鱼水情深,表现自然和谐之美,虽是文绉绉,但也小清新。今个不会教红烧鱼的烹饪技巧吧?

李博士

荒唐。除了吃，你就没有点别的追求吗。吃完了，你不得拿 55℃的温水漱漱口嘛，生活啊，瞬间就多彩了。

晓彤

博士，你真是讲究人，拿半生不熟的温水漱口有什么科学依据，是杀菌啊，是止痒啊，还是除异味啊？

李博士

哪跟哪啊，你这洗洗更健康都出来了是不？我这 55℃水漱口啊，现在只是试验阶段。不过江苏南京新街口某商场已经开始施行了，这 55℃的温水直接供应员工当饮用水，这一点很超前啊，我的研究明显是落后了。

小昱

这事我上网了解了一下，那个商场二到七楼有六个开水器，水温设定都是 55℃。好多员工反映喝了拉肚子，好嘛，电是省了，卫生纸倒是得多备几车了。

商场主管（编导饰）：是规定，就要遵守，不要因为一点点小事，动不动就闹情绪，这样是很不利于工作滴。

李博士

话不能这么说，好端端为啥不喝开的，非喝这 55℃的，它能有保证嘛？

商场主管（编导饰）：这个你放心，绝对有保障。要说喝 55℃的水也是有原因的，怕影响正常工作，商场规定员工上班不能喝茶。咱这又不是政府机关，你天天喝茶看报，谁去干活；再说了，少喝茶、少去厕所，工作效率要提高就得从小事做起，你没当过主管，不知道我们主管的苦哟，唉！

晓彤

笑话，照他这么说，就是怕我喝茶耽误工夫呗，这规定也太霸道，太雷人了吧。

小昱

这算什么，还有更无厘头的呢，我给你念念扬子晚报官方微博的调查：有的公司规定，入职不到一年的男员工不得谈恋爱，手机铃声不能设置《爱情买卖》或者《月亮之上》，什么上班前必须集体门口喊口号，还得跳《感恩的心》。

李博士

俗话说，没有规矩不成方圆，按章程办事错不了，可也不能到处方圆、遍地规定、动不动就罚款，员工个个都畏手畏脚，上班连个开水都喝不成，这也太坑爹坑娘了。这正是：

三言两语说是非，不让员工喝开水。
职场雷人规定多，何奈吐槽话悲催。

学校招生忙　师生齐上场

西葫芦

美女们，领导不在是吧？太好了，咱插播一条广告，超强去污不伤手，洗洗更白皙，去除顽固污渍请用“葫芦牌”洗衣粉，强力去污，还您清白，走过路过，千万不要错过……

晓彤

打住！没点正经，你消失了两天咋还干起副业，倒卖上洗衣粉了？还超强去污，呵呵，多少钱一袋？

菲菲

哎呀！晓彤你还当真了，他哪有这本事，顶多倒卖几把瓢，这绕圈子、卖关子、使绊子，可是他的一贯“葫芦风”，快步入正题吧。

西葫芦

下面这事也跟“去污”有关，发生在咱家门口。济南的一所民办高校，为了抢夺生源，竟然向学生摊派招生任务，为此人家还召开了誓师动员大会：各位同学，你们要本着感恩学校、回报学校、爱护学校的心态，去完成两名新生的招生任务，如按期完成，便可拿招生“业绩”洗刷以往所有“处分”。

晓彤

哎呦！这招“去污”功能好强大，还真是洗洗更干净，这一洗可就成了金光闪闪的好学生啊。不过，这招考不是学校招生办的事情嘛，可真会人尽其才、物尽其用啊。

菲菲

没错！人家学校还说了，这招生业绩还要和学生考核评优、奖学金评定联系在一起，如果“业绩”突出，还可领取几千元的奖金，还有留校工作的机会。

西葫芦

没错。据一名在校生反映，每年放暑假时，学校都会给每个学生出道双向选择题：要么参与企业实习，要么去为学校招生。为了“不骗人”，有不少厚道的学生选择去企业实习，可实习工作期间非常辛苦，每个月只能拿到六百块钱的工资。

学校领导（编导饰）：我们不这样不行啊，我们民办高校跟那些公办高校可比不起，我们什么都得自给自足，少一个学生就少好几千块钱，我们骗人是为了生存呀！

晓彤

为了生存你们也不能榨取学生呀，你们忍心吗？

学校领导（编导饰）：你们根本不理解我的苦衷，这几年生源越来越少，这招生的寒流越来越冷，我们没手段，那我们就得完蛋！不说了，我的心情你永远不懂……

西葫芦

人家还很委屈，不过我们什么都懂，你们就是“学生少了钱也少，日子越来越糟糕……”，可你们千不该万不该把教育当买卖，把学生当工人，不从自身找原因，却怪环境不给力。这正是：

私立高校招生忙，为保生源乱开方。
舍本逐末实不该，民办教育当自强。

女儿求学　父亲卖肾

西葫芦

最近，杜甫刚回家休息，包大人躺着又中枪了，因为包大人很黑，所以包大人很忙。不过相比咱们的“肾”,他们那都不算真的忙,因为自打过了年,这“肾”就一直没消停过,除了卖肾换“爱疯”,卖肾求富,最近,这肾又有了新任务,那就是送人去日本留学！哎！这事太闹心了,菲菲你说吧。

菲菲

说是湖北宜昌的女孩陈萌,高考失误,只上了所专科学校。今年5月份,陈萌跟家人提议想去日本留学,为了筹集二十多万元的高昂学费,陈萌的父亲决定为女儿卖肾筹钱。

小昱

嚯！嚯！嚯！前段时间刚出了对儿“卖肾求富”的母子,这又来了对儿“卖肾求学”的父女,他们不会是一家人吧,是不是一起拍过全家福？怎么都喜欢靠卖肾致富呀？

西葫芦

全家福倒是没拍过,就是都想靠卖肾筹钱,只不过他们的做法让人觉得既可敬又无知。虽说爱女心切,可这种爱过了头,让人很心寒,子女本是好儿郎,为啥磨刀霍霍向爹娘呢？

陈萌父亲(编导饰):哎呀！这孩子可都是父母的心头肉啊,我们家条件不大好,我们老陈家已经三代没出一个大学生了,为了孩子能成才,卖啥我都能豁出去！

西葫芦

私自买卖器官是违法的呀,再说了那样会影响您的健康的！

陈萌父亲(编导饰):我管不了那么多了,我意已决,谁也不要拦我！凤姐都宣称要嫁给方舟子,没有什么不可以。不就是卖一个肾吗,没什么大不了,我留一个就够了，哪位需要啊，我咬咬牙给你打个十一折。

西葫芦

瞧见了吗，可怜天下父母心。现在有些孩子光想着出国留学，想着去混一纸国外的文凭，来改变自己的命运，再说了，这国外的文凭真的就那么金灿灿、华丽丽？要我葫芦说，你自己不努力，只想着到国外去镶金边，到最后也是个镶金边的抹布。这正是：

女儿留学去日本，糊涂父亲来卖肾。

崇洋媚外不可取，修行成才在个人。

公办幼儿园 “没房”站一边

西葫芦

我上学那会儿流传这样一句话：“学会数理化，不如有个好爸爸。”后来这句话又被一而再再而三地印证，“我爸是李刚，俺爹李双江。恨爹不成材，让人很悲伤”。千好百好不如爹好，时代在变，这个真理却一如既往，还不断增添新花样！这是一个拼爹的时代，这是一个拼房的时代，拼不过房子，就没法把那校门迈……

欣欣

休要胡说，拼爹不过那就罢了，这没房子咋还就连上学资格都没有了？

菲菲

就是，之前我也只听过这拼爹、拼干爹，顶多再拼个大爷！这咋还冒出来个“上学拼房子”？

西葫芦

不懂了吧，世界太精彩，世界变化快，这就让你把那眼界开。最近，广东佛山一公办幼儿园惊现雷人的“拼房招生”规定，外地家长必须拥有不小于 80 平方米的本地住房，才可以送孩子来幼儿园上学；不满足条件者，不予录取！

菲菲

荒唐！公办幼儿园还是姓“公”的，这种规定，不明摆着要挟百姓买房子么！

欣欣

我猜呀，这背后一准又是官商勾结，以权谋私，合伙上演的房产推销秀。

学校负责人（编导饰）：我告诉你们，我们这可是正儿八经的“公立”幼儿园，绝对不存在官商勾结神马的！我们的规定是镇教育部门制定的，附近的乡镇也是这样规定滴，我们只是执行；再说了，来我们这里外来人员太多，教育资源严重不足，我们就得优先保障本地的孩子有学上！

西葫芦

教育资源紧缺，你们不去扩建学校，增强师资力量，反倒是本末倒置、私立门槛，制定这种“雷人条款”，就能解决问题吗？

学校负责人（编导饰）：扩建学校，你当是动动嘴皮子那么简单的事吗？你们这些人不懂教育，我都没法跟你们解释！哼！

菲菲

就算我们不懂教育，但我们也看得出来，你们这“拼房招生”就是明显的等级划分，是对外来人员的歧视！

欣欣

虽然我不懂教育，但子曾经对我曰过，“有教无类”，教育要不分贫富贵贱，一视同仁，平等对待。这“有教有类”要让他老人家知道了，那得多伤心啊！

西葫芦

那肯定是鼻涕眼泪哗啦啦！常言道，不患寡而患不均，以住房多少把孩子分成三六九等，你破坏的不仅是教育的公平，还有孩子幼小的心灵啊！这正是：

私立门槛来招生，住房至少八十平。

百年大计在育人，“有教有类”实不公。

驾乘急救车　潇洒走一回

西葫芦

清代郑板桥说“难得糊涂”，说人在该装糊涂的时候就该装装糊涂。但我葫芦觉得，有的人该装装糊涂，可有些治病救人的要装起糊涂来……

欣欣

葫芦你可别卖关子了，把郑板桥都搬出来了，就想说 120 急救车走错路的事呗？

西葫芦

我这想显示一下我的历史和文学功底呢，欣欣你非把我揭穿。行行行，你说吧，怎么个事？

欣欣

前天，一辆浙江宁波的120急救车，突然现身河南平顶山尧山景区，可人家宁波市急救中心却解释说，这是工作人员跨省运送病人，在返程途中一时糊涂，走错了路。

晓彤

这真是语不惊人死不休，走错路都能错到景区去，睁着眼睛说瞎话。开急救车游山玩水，万一有人需要紧急救治没车了怎么办呢？这120，是闹着玩的吗！

西葫芦

晓彤也别这么急，其实，这辆车是去河南邓州运送病人的，而邓州市在河南省的西南部，尧山景区在河南的中部。路线虽然南辕北辙，但这地球本来就是圆的嘛，人家可能想绕一圈再回去；还有可能这尧山景区，或许也有人需要搭车回宁波急救呢，人家开车过来，可能是想把救死扶伤的精神发扬光大！

晓彤

我呸！你少给他们打掩护，这明摆着就是公车私用，说不定又是带着"郭美美"去兜风呢！

欣欣

非也，人家可是公立医院。

医护人员(编导饰):对对对,我们跟他们可不一样。我们当时确实是想去少林寺玩玩,可到了地方一想,如果被媒体曝光了可不好了,于是就打消了这个念头!

晓彤

那你们这是绕个大圈去游玩,也属于未遂,再说你们这一路开车飞奔过去,难道自己出钱加油吗?

医护人员(编导饰):这油当然是公家的,不用白不用。单位已经扣发了我们的奖金,此事就此打住,咱不要再说了好不好? (下台……)

西葫芦

哼哼!瞧见没,油是公家的,不用白不用,你说有多少人抱着这种思想呢?而且这次从浙江到河南,一千多公里的路程,给人家患者家属收取了11500元转运费用,是不是觉得赚钱太容易了,想潇洒潇洒呢?人家华佗当年给关公刮骨疗毒,最后分文不取,人家那叫名医典范,行的是慈善医德,你们也学着点,多给自己积点德吧!这正是:

南辕北辙急救车,来回一趟一万多。

自在逍遥景区游,莫道只是路走错。

老外出狂言 谁人当汗颜

西葫芦

前段时间,包公很忙,老外也没闲着。不是当街脱裤子耍流氓;就是动车上伸出"咸猪手",骚扰女乘客。为这事,网友们义愤填膺了一阵子,板砖满天飞啊,还有人上纲上线,要这些洋垃圾统统滚出中国。瞎闹腾了一阵子,大伙都累了,包大人也回家休息了,不过这老外还是不消停。这不有人爆料,在浙江宁波街头，两位外籍男子在大街上为所欲为，乱扔瓜子壳，遭人劝阻后竟然还理直气壮，放出这么句话："没事，这是中国，你看谁都是这样的！"

晓彤

放肆！这老外没完没了了是吧，老跑咱们中国来撒野。那位俄罗斯"艺术家"已经被乐队除名了，这还有不长点记性的，口出狂言污蔑我们，怎么着，我们中国就都那么脏乱不堪吗？

西葫芦

没错，估计当时要有咱们威武的城管人员在，他们也就不敢放肆了。不过，类似的事情以前也有。今年 3 月份，英国斯诺克球员奥沙利文，就曾在中国的新闻发布会上，弹烟灰、吐烟圈，无所顾忌。人家还说："在中国，我可以随心所欲。"

晓彤

看着没，咱们中国都成他们放纵的乐土了，还说英国人绅士呢，啥绅士啊？

菲菲

你们俩也别在这搞批判了。要我说这事也怪不得人家，在环境保护和社会公德上，咱们国人本来就缺乏自律精神。广场上、马路边、公园里，有人乱扔垃圾；公车上、电梯里、火车上，有人吞云吐雾、烟雾缭绕。只能说这老外来是耳濡目染、入乡随俗了！

晓彤

这我就不同意了！照你这么说，这老外耍流氓，满嘴吐脏话都是跟咱们中国人学的了？我就看不惯你们这点，崇洋媚外！以前是"礼不下庶人"，现在是“刑不上老外”，对洋人唯唯诺诺！

西葫芦

好了好了，其实你俩说得有道理，但都不全面。这事老外干得确实不地道，但咱们也真该自查自纠一番。“己所不欲勿施于人”，在这点上咱们国人做得确实欠点火候。君不见国外一些旅游景点，动不动就打出的大字招牌，禁止中国人入内；君不见中国游客所过之处，尽是风卷残云、天翻地覆、寸草不生；还有十字路口，红绿灯处，每每望去，总有那么一小撮人游走自由，“不走寻常路”。所以说，只有咱们自己做好表率，才有底气要求别人，要不然就只能睛着让别人戳咱们脊梁骨！这正是：

老外言辞很张狂，质疑声声把心伤。
如若律人先律己，国人共勉正形象！

白领抢车位　谁是又谁非？

西葫芦

这回开始，先给大家讲一段故事：当年，画家张大千的学生为恩师设宴践行，京剧大师梅兰芳也应邀出席。宴会上，张大千向梅兰芳敬酒说：“梅先生，您是君子，我是小人，我先敬您一杯。”梅兰芳不解其意，这是啥意思啊，你怎么骂自己是“小人”呢？张大千解释说，“您是君子——唱戏动口，我是小人——画画动手。”张大千巧妙地用“君子动口不动手，小人动手不动口”这句话，幽默含蓄地表达了两位艺术家之间的友谊。

晓彤

嗨！那都是人家文化人玩的文字游戏。现实中要真是发生矛盾了，搁那没文化的，那只能是“能动手别吵吵”。

西葫芦

这你就错了，别看不起文化人，我告诉你，文化人急眼了，那可是既动手也吵吵。说是上海浦东某小区，两位业主老张和小龙，一个是高级工程师，一个是律师，两位高级白领，却为一个停车位，上演了“人咬人”的闹剧。

晓彤

哇塞！好劲爆呀！还是好牙口，都咬上了，高学历没个高姿态，就这素质还白领呢？盲流吧！不过，谁咬的谁呀？

小昱

看热闹不嫌事大！小龙咬的老张，手指头都被咬残废了。为这事都打了好长官司了，不过这停车位，人家小龙当初是签了合同，买了使用权的。

西葫芦

我觉得这事吧，肯定是一个巴掌拍不响。

小龙（编导饰）：错！这事全怪老张，他霸道不讲理，没个老人样，我花钱买的车位，凭什么给他用啊？这事要是搁谁谁也不愿意呀？

小昱

他做得确实不对，可你咬人家手指头，对人家的人身安全造成危害了，这也不对呀！亏你还是个学法律的。

小龙（编导饰）：咬得轻，没放狗咬他便宜他了。这法院还判罚我给他两万多块钱损失费呢，我上哪说理去？太不公平了，我还要起诉，这事没完！

西葫芦

瞧见没？冤冤相报何时了，拳打脚踢天天吵；君子动口不动手，动口咬人更不好；万事好说好商量，怒字当头易中招；渡尽劫波兄弟在，相逢一笑乐滔滔。这正是：

几尺车位不相让，大打出手对公堂。
邻里万事和为贵，如此闹剧该收场。

景区惊现雷人语　劝君三思再出行

西葫芦

盼望着，盼望着，东风来了，旅游的好时节到了。一切都像刚睡醒的样子，欣欣张开了眼。如此好山好水好景色，你还等啥子，背上行囊，带上避雷针，跟着导游去旅行吧！“跟我走吧，咱天亮就出发……”

小昱

你给我打住葫芦，你这又胡嘚吧什么呢？旅游怎么还自带避雷针啊？人家朱老先生多好的一篇文章被你篡改成这样！

欣欣

非也，非也！他一准是五一没捞着去旅游观光，给憋坏了，你看看，脸都憋大了！

西葫芦

什么呀！你们都不了解我，我西葫芦天天给大伙炒鸡蛋，我什么时候抱怨了？我想说的是，别看咱们济南五一期间阳光明媚、天气独好，可人家云南那旮旯是天雷滚滚、咔嚓咔嚓、震耳欲聋、绝不消停……

欣欣

嗨！闹了半天你是想说云南导游的“强逼强买事件”吧！你个闷葫芦，这事我早就知道了，说是一位六十岁的大妈，五一假期跟着旅游团去云南旅游，哪承想竟被导游小姐逼迫购物……

导游小姐（编导饰）：请到云南景区来，这里四季春常在。七彩云南礼品多，只要来了就得买！

小昱

呦！唱得不孬！你就是强逼大妈购物的导游小姐吧？你怎么不就学点好呢，偏偏学三亚宰客？

导游小姐（编导饰）：什么呀，你们都不了解我，我们导游老不容易了，可怜工资微薄钱，全靠购物来提炼。你们栏目的工作人员太辛苦了，五一还加班，什么领导，怎么这么不体谅人呢？跟我去云南旅游吧，放松一下，带上 money，到大城市看看！

西葫芦

美女！我可以代表秀才，代表公共频道，郑重地告诉你，我们不去，你们那边雷声太响，我们在家门口看看大明湖就行了！您请回吧！

导游小姐（编导饰）：是不想去啊，还是没钱去啊，我说你们挣钱是为了什么，不就是旅游购物吗？你有钱不购物，我鄙视你；你没钱不购物，我可怜你。穷酸样，找大款去喽。

西葫芦

瞅瞅，为了挣钱人家可什么阴招、损招、怪招都使得出来。除了云南景区的雷人雷语，咱们山东的某景点，五一期间也当仁不让，重磅抛出了“不涨价丢身份”的励志豪言。你说景区门票涨价，我们能心字头上一把刀，能忍也就忍了；现在到了景点，你们还是宰人没商量，连老年人都不放过，真应了那句话“走过路过绝不放过”，别丢人了行不行！这正是：

景区导游放豪言，强买涨价乱不堪。

大力整改年年喊，缘何此事总难全！

秀逗剧场

Xiudoujuchang

大千世界都是戏 看我秀才来演绎

离 婚

西葫芦

大千世界都是戏，看我秀才来演绎。秀逗剧场第一回：离婚之后又结婚，前后相隔仅两分。前不久，江西新余市一对80后青年夫妻，到婚姻登记处办理离婚，然后不到两分钟，男子接着与另一女子登记结婚，被人戏称为史上“最牛”的“闪婚”。

逗包

你净整这些雷人“概念”，这有什么稀奇啊。

西葫芦

你觉得这正常吗？

逗包

正常啊，这叫“团队合作”，现在人那么多，人家让那女的到那窗口先去排着队不行吗？

西葫芦

行，你净办这事是吧。

剧本

《离婚过河》

妻子：我要不跟你离婚，我以后就不姓王！

老公：你以为我愿意跟你过啊？整天叨叨叨，我快烦死了！

妻子：这可是你说的！跟你分了，我两分钟后就再找一个，你试试！

老公：咱村追我的女人乌泱的，我能怕你！

妻子：走，那咱就去离婚！

老公：你没看前面有条河吗？

妻子：那你说怎么办？总不能等河水退了再去离吧？

老公：想好事呢！我背你过去吧！最后一回！别以为我不愿意跟你离，你去不了也离不成！

(到河另一头)

妻子：算了，咱们回去吧！

丈夫：为什么？

妻子：离婚回来，谁背我过河呢？

请假条

西葫芦

秀逗剧场第三回：学生假条很犯愁，语文水平让人忧。最近，湖北经济学院一教授在课堂上让学生口述请假条，结果是向五个人提问，没有一人能准确回答，有的学生甚至连基本的格式和落款等基本内容都没交代清楚。这些大学生的语文水平，真是……（摇头）

逗包

哎哎，葫芦，一会儿我出去一趟，你自己先唠着。

西葫芦

写个请假条吧，口述就行。

逗包

不就是个请假条嘛，听着：请假条，葫芦，我有事出去一趟。落款：包。好了吧？

西葫芦

时间呢，什么时候回来啊？

逗包

这个我得回来再说，我咋知道啥时候回来啊，笨！

剧本

《中文系请假条》

老师：为了让孩子们学会写请假条。

学生：你特意找来中文大师教我们！

老师：瞬间效果明显。

学生：个个咬文嚼字。

老师：没事跑老师办公室干嘛来了？

学生：请假，这是我的请假条！

老师：敬爱的老师：昨夜雨急风骤，风云异色，天气突变。

学生：因吾尚在梦中，猝不及防，不幸受凉！

老师：鸡鸣之时，吾方发现，不想为时已晚矣！

学生：病毒入肌体，吾痛苦万分！亦悔昨夜临睡之际，不听室友之劝，多加棉被

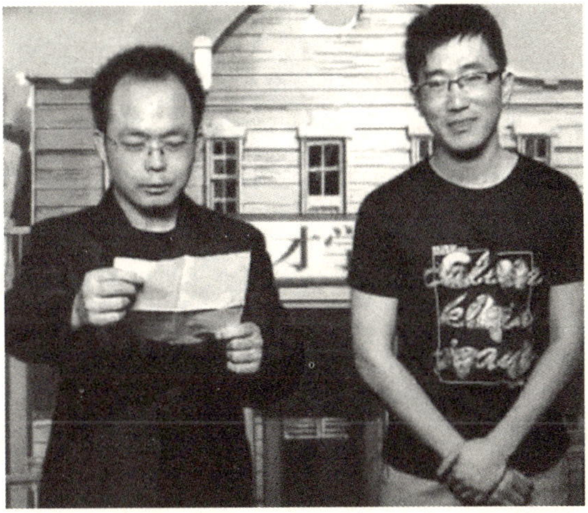

一条,以至此晨之窘境。

老师:吾痛,吾悔!惟恸哭尔!室友无不为之动容!

学生:本想学业之成就为吾一生之追求!又怎可为逃避病痛而荒辍学业乎!遂释然而返校。

老师:但行至半途,冷风迎面吹,痛楚再袭人。

学生:吾泪涕俱下,已到生不如死之境,哪得力气再往之。

老师:不得已,而借友人之臂,返之!由此上述,为吾未到校之缘由。

学生:吾师应懂,吾未到校,乃吾迫不得已也。

老师:非不为也,而不能也。吾亦懂,吾未到校,吾师失一佳徒之痛苦。

学生:无吾,汝课索然无味哉!汝苦,吾亦苦!!

老师:但,病痛不饶人,敬请谅之!如有幸再见吾师之面,再听吾师之课,吾宁当负荆请罪,自辱其身!

学生:呜呼哀哉!哀哉痛矣!学生某某敬上。

老师:这不都自找的吗?

孩子打架

西葫芦

秀逗剧场第四回:为护孩子打出手,欺负小孩被拘留。前几天,湖南省汝城县54岁的袁某去学校接孙子放学时,看到孙子与同学小袁正在学校门口打架,觉得孙子受了欺负,跑过去便对他那同学一顿打骂。

逗包

怎么能这样啊，孩子打架，你家长能动手吗？怎么教育孩子呢！

西葫芦

就是啊，公安局给了袁某拘留十天的行政处罚。

逗包

活该，父母言传身教很重要！

西葫芦

就是，哎，我问你，要是你家喔喔和别的孩子打架，你会怎么办？

逗包

这还用问，拿开水浇他，拿我这壶戳他！敢欺负喔喔！

剧本

《比家长》

小甲：你敢打我，我跟你没完。

小乙：谁叫你跟老师打小报告的！揍的就是你！

小甲：你欺负人，你欺负人！我告老师，你等着！

小乙：你往哪儿走，还想去打小报告，我揍你！

奶奶：住手！我说怎么俺家孙子最近心情一直低落跟到了更年期似的，原来是你个小兔崽子打俺家孩子啊！

小甲：奶奶，他打我！

奶奶：你别管了，奶奶给你报仇，小样的，你这个孩子怎么这么孬呢？我治不了你了是吧？

小甲：看你还敢欺负我，俺奶奶跳过《最炫民族风》，揍你跟玩儿似得！

奶奶：孙子，你说的这话没错，奶奶还跳过周杰伦的《双节棍》呢！那个节奏更明显。

小甲：奶奶，给她来个双节棍！

小乙：小孩打架，家长出手，欺负小孩！

奶奶：哎哎哎，你说这话我就不爱听了，有能耐把你家长叫来，我打他们也跟玩似的！

小乙：你说的，你等着！

奶奶：我能怕你？都来！全来！

小乙：爸爸，有人揍我！

爸爸：哪儿呢？谁敢揍我们家孩子！不想混了！

奶奶：看，飞碟！

（爸爸看到老太太跑了，跳《最炫民族风》）

十年未涨价神物

西葫芦

大千世界都是戏，看我秀才来演绎。秀逗剧场第一回：十年未涨神奇物，火机彩票很玩酷！逗包，你知道十年来没有涨价的东西是什么吗？

逗包

这还用问，除了股票不涨，什么都涨！

西葫芦

回答错误，最近网上讨论此问题的帖子火了，人家的回答是“打火机”，说现在最便宜的打火机，十年前是一块钱，现在还是一块钱！还有些网友列出了两块钱的彩票、一块五的口香糖等物品。

逗包

还有豆包，以前多少钱，现在还是多少钱。更有意思的是，原来西葫芦几块钱，现在几毛钱就可以买到，你知道这是为什么吗？

西葫芦

为什么？

逗包

西葫芦更贱了，更贱了，哈哈！

剧本

《涨价》

（黄梅戏）

房子涨价住山洞，
煤气涨价咱不用。
猪肉涨价咱不吃，
药品涨价咱不病。
扛起长枪去打猎，
青柴烧汤火更红。

远离尘世烦恼地，
青山绿水度余生。
十年未涨看分明，
彩票火机顶何用?
物价飞涨工资停，
入不敷出心肝疼。

寻物启事

西葫芦

秀逗剧场第三回：宿舍楼贴告诫书，言辞诚恳很痛苦。前不久，福建农林大学一女学生写了一张“告贼书”，言辞诚恳，让人感动，说的是她的宿舍被盗了，笔记本电脑和1700元的生活费被偷了，自己家境不好，这些钱都是父母七拼八凑的，所以恳求小偷把电脑还给她。

逗包

无耻，我诅咒这些小偷出门被车 over，下雨被雷 over，来我这儿喝茶，我让西葫芦 over！

西葫芦

吓我一跳，一惊一乍的，不对啊，平时你喜欢看热闹，今天怎么这么愤世嫉俗啊！

逗包

我生气啊！

西葫芦

逗包就是好同志。

逗包

什么好同志，我壶又被偷了！

剧本

《寻鸟启事》

班长：上回我们班一美女贴出寻物启事，何其悲惨，没想到……

同学：没想到第二天就找回了笔记本电脑！多亏您的主意好，是吗？

班长：你怎么知道？

同学：要我说，你身为班长就别老拿这件事炫耀了！

班长：怎么叫炫耀呢？没有我的主意，他能写那么好的寻物启事吗？

同学：证明你很厉害，我也有事想麻烦你，请看！

班长：寻鸟启事？你丢鸟了？本人丢失鹦鹉一只，特征很明显。

同学：没错，特征特别明显！

班长：你掂它左脚，它说你好，你掂它右脚，它说再见！

同学：没错，就是这么聪明！

班长：你写得不全面，要是有人掂它两只脚呢？

同学：对哦，还是班长想得全面，我写上，OK，您瞧瞧！

班长：要是有人掂它两只脚，它会说，你想摔死哥啊？

银行抢劫

西葫芦

秀逗剧场第四回：男子抢劫玩花样，若没结婚不必慌。前不久，某地公安破获了一起持枪抢劫出租车案，有意思的是，抢劫者抢的都是些结过婚的人，没结婚的不抢。因为他认为，没结婚的负担太重，结了婚的就没有负担了。你别说，这抢劫犯还挺仗义的啊。

逗包

抢劫，把手举起来！你结婚了没有？

西葫芦

我我我——没结婚，还得攒钱娶媳妇呢。你放过我吧。

逗包

放过你？哼，最恨你这种没结婚的了，像我老婆，一分钱也不给我留啊，你这种没老婆管的，羡慕嫉妒恨啊，麻利的，拿钱！

剧本

《抢劫》

劫匪乙：大哥你看，这上边有摄像头。咱们的电影梦终于圆了。

劫匪甲：笨蛋，你用点脑子好不好，咱蒙着脸呢，谁知道咱们是哪个腕儿。

劫匪甲：不许动，都把钱交出来，谁动我就叫他成为地理。

银行职员：应该是成为历史吧？

劫匪甲：打上学那天起，我就害怕历史。少废话，快交钱。

(转场)

劫匪甲：今天发了，抢了这么多，怎么样，一切正常吧？没发现警察吧？

劫匪乙：警察倒是没发现，只是咱们的汽车让小偷偷走了。

校园婚礼

西葫芦

定场诗：

说书唱戏劝人方，三条大路走中央。
善恶到头终有报，人间正道是沧桑。

大千世界都是戏，看我秀才来演绎。秀逗剧场第一回：学生校园办婚礼，三千开销秀甜蜜。昨天，一场浪漫的校园婚礼在天津大学上演，新郎新娘是一对儿即将毕业的大四学生，他们用校园交通车做"婚车"，食堂的咖啡厅做礼堂，整个婚礼的开销只有三千多元，简单又浪漫！

逗包

是啊，婚礼多么的新颖，多么的独特，多么的另类啊，多么的幸福啊，多么的……

西葫芦

行了行了，你也早晚会有那一天的，对了，你的婚礼想在哪儿举行啊？

逗包

远在天边近在眼前！

西葫芦

茶馆儿啊！闻茶香娶新娘，想法不错啊！

逗包

呵呵，那是，“省钱”嘛，在我这儿一分钱不花！

剧本

《校园里谈恋爱》

男：昨天，我激动得一晚没睡好觉。我苦苦追求的那个她，要邀请我到黄河公园。太好了，好期待啊！

黄河边走了一阵，女孩说：我有句话一直想对你说……

男十分激动：你说吧，我听着。

她随后一句话差点让男背过气：黄河也看了，这回死心了吧！

出租车拒载有规矩

西葫芦

秀逗剧场第三回：出租司机定规矩，何地不去何人拒。最近有新闻曝出，郑州不少出租车司机暗定规矩，晚上偏远的地方不去，四类人群不拉。

逗包

对，我听说了，什么醉酒的，结伴而行的男性乘客，抱宠物的，再就是去偏僻地方的。

西葫芦

据说这都是为了安全着想。

逗包

所以，我也定了一个规矩，这几类人不准进我这儿茶馆。

西葫芦

嗯嗯，应该的，哪几类？

逗包

喝茶不给钱的，喝茶偷茶壶的，欺负我家喔喔的，还有就是名字是菜名儿的！

西葫芦

你……

剧本

老婆：怎么下班这么晚？

丈夫：别提了，我追公交车一直追到咱楼下都没赶上，不过也好，又锻炼了身体，又赚了 1 元钱。

老婆当时就怒了，说：你傻啊，败家玩意，要追也追出租车啊，至少赚个起步价！

早 恋

西葫芦

秀逗剧场第二回：恋爱标准学校颁，不知该褒还是贬。前不久，温州乐清育才中学颁布了《早恋界定》的公告，什么“男女同学单独在无人区、角落里、树底下、花丛中等偏僻处谈话啦，还有在操场上、通道，男女同学并肩散步啦等，都算早恋。

李博士

我觉得这有点太苛刻了吧，那人家万一是在讨论数学题呢？

西葫芦

不错，但人家校长说了，都是为了孩子好好成长！

李博士

哎呀，那以后你还是少来茶馆儿吧，你整天和逗包在一起，别人会说闲话的，呵呵……

西葫芦

就逗包？（呕吐）……

剧本

《防止早恋》

学生甲：快来看快来看呀，学校出新校规了。

学生乙：凡是符合下列情形之一的均属于早恋。

学生甲：长期向异性同学提供金钱、物质诱惑的。

学生乙：和异性互赠贵重礼物的。

学生丙：男女同学单独在无人区、角落里、树底下、花丛中谈话的。

老师：都好好看看啊，这是给你们打预防针，以后都注意着点。

众学生：老师好，我们没有早恋呀。

老师：早恋也不要紧，我就是想提醒你们快要高考了，早恋的就不要吵架了，以免影响心情。没恋的就不要表白了，以免被拒绝影响心情。

众学生：知道了老师。

老师：我还没说完呢，其

实你们要谈恋爱也没问题，但是你们要慎重，一定要找个有担当的，你说那些一见到老师就把手甩开的，将来有什么用？

丢馒头报案

西葫芦

秀逗剧场第四回 ：馒头丢失也报案，浪费人力警察烦。说是南京市下关区阅江楼派出所日前接到了一市民“丢失物品”报警，赶往现场发现丢失物只是三个馒头。为此出警是否造成了浪费警力？

逗包

这就叫哥丢的不是馒头，而是群众利益。虽然这个利益很小，但是你们不能不管啊！有事找警察，这样不对吗？

西葫芦

没错，丢馒头不准报警，群众应该向谁求救呢？政府不理会这种馒头呼声，更多小事情，比如丢钥匙、邻居纠纷等，就求助无门。

逗包

没错，长时间就会变成沉没的声音，让不良情绪挤压，幸福指数不也下降了吗？在现实生活中，与群众有关的事情多是一些鸡毛蒜皮的小事情，家长里短，这正是考验职能部门的黄金时间。我也得去找警察去。

西葫芦

怎么了？

逗包

我的壶盖丢了！

西葫芦

你们可上点心吧，百姓无小事啊！

剧本

《丢么》

警察：刚才有人打 110 说丢东西了，到底丢什么了也没说清楚！

老板：哎呀，你可来了！

警察：你打的 110 啊？丢么了？

老板：对啊！

警察：不是，我问你丢么了？

老板：对，没错！

警察：你这个人听不懂普通话是怎么回事？

老板：听得懂啊！

警察：那我再问你最后一遍，你丢么了？

老板：对，就是丢的馍，而且是三个！

警察：哦，馍馍呀！

武钢养猪

西葫芦

大千世界都是戏，看我秀才来演绎。秀逗剧场第一回：钢铁价格跟不上，武钢开设养猪场。说的是钢铁业巨头，武汉钢铁突然宣布，今年要拿出390亿元建养猪场，年底就能出栏了。钢铁侠养猪，你说这怎么想的啊？

逗包

这有什么奇怪的，西天取经的路上，妖精都不抓唐僧抓猪八戒了，猪肉多金贵啊。现在啊，两斤钢材的价格抵不上四两猪肉啊。

西葫芦

说的也是，现在钢铁企业利润下滑，行业整体步入寒冬，企业另觅副业也无可非议啊，听说，这广钢集团也开始卖腊肠和矿泉水啦。

逗包

(唱) 唉，都是钱逼得啊，逼得，逼得！

剧本

《养猪能手》

妈妈：你说咱们家儿子放假了怎么还没回来？

爸爸：你急什么？他还能丢了不成，再等一会儿吧！

儿子：妈妈，我回来了！

妈妈：儿啊，你咋才回来啊？让妈看看。怎么瘦成这样了？

爸爸：瘦点好，看着精神！
妈妈：好什么好？儿子，这假期你在家好好待着，妈一定把你养得白白胖胖的！
儿子：真的吗？有什么祖传秘方啊？
爸爸：什么祖传秘方，你妈以前在武钢是养猪能手！

飞机吃饭贵

西葫芦

秀逗剧场第三回：国际机场天价餐，小小可乐数十元。一罐易拉罐可乐要价 38 元，一碗普通的西红柿鸡蛋面要价 68 元，济南国际机场部分商家的“天价餐”引发旅客不满。有旅客称机场部分消费比海南海鲜宰客还狠。

逗包

阳春面 38，西红柿鸡蛋面 68，土豆丝 48，凉拌黄瓜 38。爱吃不吃，都这个价！吃不吃？

西葫芦

这么高的价格谁去吃？我看走入了怪圈，价格越高越没生意，而越没生意价格就越高。

逗包

问你呢，吃不吃？

西葫芦

(喝水) 吃不起啊！再这么弄，我秀逗剧场就换地儿主持了！

逗包

茶水二百！

剧本

《天价餐》

客人：我听说机场附近的饭店饭菜贵得要命。

服务员：您听谁说的？我们也不容易，房租高啊。

客人：还听人说你们饭店小气得很！

服务员：那是谣传，我们饭店吃完饭还送奖品呢。

客人：什么奖品？

服务员：牙签！

客人：好了，看出你们大方了，我点这个！

服务员：好的，这个一百八，先生您稍等。

客人：怎么这么贵？

服务员：先生，这是您点的，请慢用！

客人：回来！把你们老板叫来，你叫我吃这个湿漉漉的盘子吗？！

服务员：先生，您误会了，那是您的汤。

富豪酒店

西葫芦

秀逗剧场第二回：体验富豪住酒店，一天五千八百元。“只要付5800元，体验过一天的富豪生活，接机有宾利，服务配专人”，看到这样的宣传，你会怎么想？南宁一家新开业的酒店推出了会员制服务模式，酒店房间装修奢华，服务对象是成功人士。一时间，天价酒店5000元可过一天富翁瘾的帖子在网上引起热议。

逗包

富豪酒店需要倒水的吧？这有个专业的啊！

西葫芦

哎，逗包你不能见异思迁啊！

逗包

不，我就是想体验一下，伺候富豪的感觉！

剧本

《富豪体验》

儿子：我这个人没别的优点，就是孝顺，大学一毕业就在南方一大城市的外企有了一个体面且稳定的工作，收入不菲。

爸爸：后来做着做着就自己做了大老板，没错吧？你都说了一千遍了，见谁跟谁说见谁跟谁说，有意思吗？

儿子：爸爸，你应该高兴才对，我是您的骄傲！

爸爸：我当然高兴，但是你不能忘本，我在农村辛苦了一辈子，不也很开心吗？

儿子：爸爸，我应该让您出来享受一下，瞧见了吗？这就是五星级的宾馆，咱们今晚就住这！

爸爸：找个小旅馆住就行，这不便宜吧？

儿子：很便宜，一晚上二十！

爸爸：哦，那还行！

儿子：骗他的，老爷子心疼钱，这一晚上五千八！

爸爸：儿子啊，这儿不能住！

儿子：为什么？

爸爸：这家宾馆服务不好！

儿子：你怎么知道？

爸爸：你看，墙上那些世界各国的钟没一个是准的！

宽　带

西葫芦

大千世界都是戏，看我秀才来演绎。秀逗剧场第一回：老人沉迷于网瘾，子女纠结很闹心。最近，武昌的一位退休老人在家迷恋上了网络，晚上特兴奋，白天睡不醒，引起了老伴儿极大的不满。按理说，老人退休在家上上网，陶冶一下情操是件好事，但切忌过度痴迷。

逗包

就是嘛，闲着没事儿来我们茶馆儿坐坐，逗包和您唠唠嗑，解解闷儿，多好。

西葫芦

没错儿，听我葫芦说说书。

逗包

听你说书？也行，哪位失眠睡不着觉的可以听听。

剧本

《戒网瘾》

主持：朋友！你想戒掉网瘾吗？你想从沉迷的网游世界挣脱吗？如果你想，那么，装我们的宽带吧！

美女：你的孩子沉迷网游无法认真学习吗？装我们的宽带吧！

主持：我们承诺：24 小时质量保证，让你的孩子无法正常游戏。

美女：强大的技术支持，保证让你的孩子 10 分钟掉一次线，练级、副本、任务、PK，一个都别想要。

主持：绝对让你体会宽带的价格、拨号的享受。

美女：下面是对用户王先生的调查：您觉得我们的宽带好吗？

观众：太好了！

美女：为什么这么觉得呢？

观众：现在我的孩子已经从网游中彻底摆脱了。

主持：效果这么好？

观众：是啊，现在他一看到电脑就会吐，一看见网游的广告就会休克。

主持：哇……了不起啊！

观众：是啊，是啊！你们的宽带让我的孩子从虚拟世界走了出来。不仅如此，他还越来越喜欢和我们家长交流。

美女：为什么呢？

观众：他说，跟我们说话不会掉线。不会说着说着人就消失，让他很有存在感。

主持：朋友！看到这里你还犹豫什么？拨打电话给我们吧！我们的网络，真正为用户着想！

美女：我们深知免费咨询会伤害用户的消费心理，让您的自尊受到伤害！所以，我们顶住社会压力，开放收费电话咨询！

主持：为了满足你奢侈的消费欲望，我们一直在努力！

美女：我们的承诺：没有最慢，只有更慢！

主持：我们的保证：没有掉线，只有无法连接！

美女：我们的口号：摆脱虚拟网络，创建美好生活！

囚犯

西葫芦

秀逗剧场第三回：贪官轻信狱友言，忽悠诈骗把家端。说的是武汉市的一位局长伍某因为受贿罪被判入狱十年，一位马上要出狱的狱友找到他，说家里有后台，可以帮他提前出狱。这位伍局长信了，接连送上 29 万元现金及轿车一辆，结果被骗了。

逗包

怎么样，隔行如隔山吧，你会贪并不等于你会骗，你贪，是贪的人民的钱。人家骗，就是骗你贪官的钱，谁让你贪得无厌！活该！

西葫芦

行了，倒水。

逗包

都喝了几杯了，真贪！

剧本

《罪犯交流》

小甲：你是新进来的？

小乙：对，你好！

小甲：你想提前出狱吗？我可以帮助你，但是需要很多很多钱！

小乙：你可拉倒吧，你当我傻啊？上回有个哥们就是这样被忽悠的。

小甲：看来你还挺聪明的嘛，开个玩笑。

衙役：在这里你们还有心情开玩笑？此处严禁开玩笑！

小甲：你结婚了吗？

小乙：结过两次婚，但两个老婆都死了。

小甲：怎么死的？

小乙：第一个老婆吃了毒蘑菇。

小甲：那第二个呢？

小乙：死于头颅破裂。

小甲：太可怕了，到底是怎么回事？

小乙：她不肯吃毒蘑菇。

零钱工资

西葫芦

大千世界都是戏，看我秀才来演绎。秀逗剧场第一回：商丘公交发零钱，连续坚持十二年。逗包，问你个问题。人最高兴的时候是？

逗包

月底发工资！

西葫芦

但是每个月给你一块一块的零钱发工资，连续发 12 年，你受得了吗？

逗包

那我就拿个麻袋去领工资。

西葫芦

还麻袋？拿个信封就够了你的了。河南商丘公交公司连续十二年只能用零钱发工资，这个事我觉得其实很好解决，银行帮助解决一些存零钞的困难，不就完了吗？要不然数钱多麻烦，一块……

逗包

两块……

西葫芦

三块……

逗包

这张肯定是假钞，没有三块！还想骗我，上次那两张七块的还在呢！

剧本

《发工资》

会计：来来来。发工资了哈，都来领工资了。

小甲：哎呀，终于发工资了，哈哈哈，会计，我这个月多少钱啊？

会计：这是你这个月工资，打开数数吧。

小甲：数什么数啊，你们还会弄错吗，谢谢啦。

小乙：会计，我来领工资。

会计：哦。叫什么名字啊？

小乙：我叫小乙。

会计：哦。我看看啊，看看你这个月多少钱……哎呀！我看你还是半年来领一次工资吧。

小乙：为什么啊？

会计：现在零钱太少，你把工资攒个整数再来领吧。

交学费

西葫芦

秀逗剧场第三回：居民消费做调查，孩子教育花费大。中国经济景气检测中心，最近公布了一项居民储蓄消费意愿的调查结果，这个调查表明，我国城市家庭消费支出中增长最快的是教育。整体来看，子女教育支出已经成为城市家庭的主要经济支出之一。

逗包

幼儿园、小学、中学、大学，这可全都是钱啊。

西葫芦

要我看这就是公共政策教育投入上的不公平造成的。

逗包

没错，学费越贵就越上，越上就越贵，越贵就越上，越上就越贵……

西葫芦

请把回音关掉！

剧本

《交学费》

小丙：学校学费真贵，卖头牛交的学费！

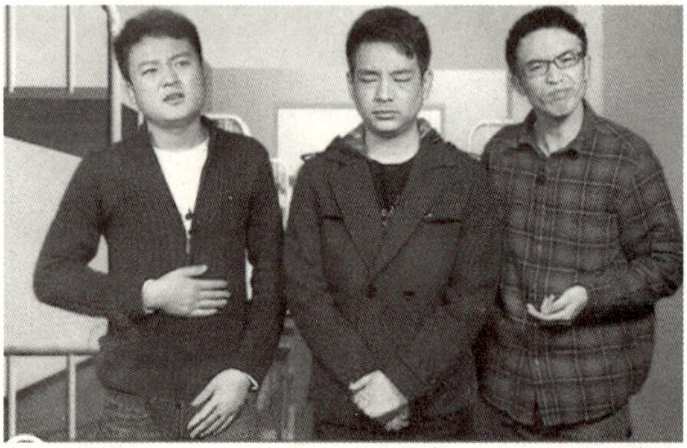

小甲：我们都很同情你，生活上我们会照顾你的。

小乙：能请吃饭就请，毕竟你家为了上学把家里的牛都卖了，太不容易了！走，吃饭去。

(第二年)

小丙：学校学费真贵，卖头牛交的学费！

小甲：你这么说，宿舍同学又为他担心起来了。

小乙：你家的条件的确让有良知的知识分子忧心忡忡，走吃饭去！

(第三年)

小丙：学校学费真贵，卖头牛交的学费！

小甲：难道我们这学期还要天天请他吃饭？你问问他！

小乙：我问你，你家到底几头牛啊？

小丙：我也算不过来了，大概有几千头吧。

娃娃相亲

西葫芦

秀逗剧场第三回：内地娃娃相亲会，网络热议错与对。说的是，这婚姻大事不能输在起跑点，找对象就要从娃娃抓起啊。最近，中国有一个育婴网站举办了“娃娃相亲会”，一周之内吸引了二百多个家庭参加，最终四十多对婴儿成功配对，其中最小的孩子仅仅出生一百天。

逗包

现在不说孩子早恋了？现在不说孩子早熟了？家长都着什么急

啊？没出息样！

西葫芦

我觉得这样挺好，现在都是独生子女，找个小伙伴也不是不可以！

逗包

你看看我逗包，从小后面小姑娘都排着队，给我送什么面包、花卷、窝窝头啥的，还咋呼着什么逗包逗包我们爱你！

西葫芦

大家都当真的听。

逗包

哎，太招风了！

剧本

《王子相亲》

小甲：你是带孩子来参加相亲会的吗？

小乙：没错，我们从很远的地方赶来的！

小甲：以后孩子婚后住哪里？

小乙：当然和奶奶、阿爸、后妈一同住。

小甲：那有屋子吗？

小乙：有，不过是上世纪的老屋

子了。

小甲：婚礼有宝马接送吗？

小乙：没有，马车可以吗？

小甲：去你的，俺们家孩子甘愿坐宝马里哭也不要坐马车里笑！

小乙：我是威廉王子！

买　茶

西葫芦

秀逗剧场第三回：高档茶叶卖天价，不供百姓大实话。清明节邻近，绿茶又展开了预售，最近，500 克的西湖龙井头茶在预售义卖会上创出了 18 万元的天价，对此，杭州龙井茶叶集团有限公司公司董事长说，高档茶就不是给老百姓喝的。

逗包

百姓是谁？是农民伯伯，是上班族、小市民，是小商小贩，他们能花几千几万元买一斤茶叶？

西葫芦

所以人家说的是大实话，总比某些人在台上喊着“茅台不奢侈，中国百姓喝得起”顺耳吧？

逗包

就是嘛，我这茶馆都是几毛钱一大桶的茶叶，喝着实惠！

剧本

《上等茶叶》

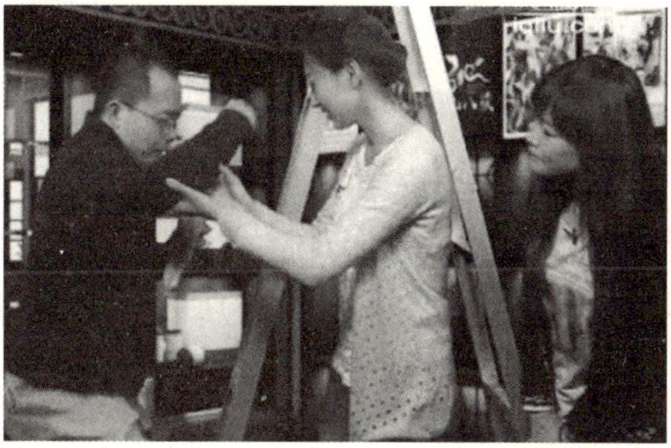

店主：你要什么？

小甲：我要一包上等茶叶。

店主：（架上梯子，爬到楼上拿了包茶叶下来）你要什么？

小乙：一包上等茶叶。

店主：你怎么不早说？我一块给你拿下来！（又架梯子，爬上去）你也要一包上等茶叶是不是？

小丙：不是。

店主：不是啊，那我就下来，（给小乙茶叶，然后问）那你要什么啊？

小丙：要两包上等茶叶。

传 销

西葫芦

大千世界都是戏，看我秀才来演绎。秀逗剧场第一回：蜡像合影诈骗犯，发展会员六十万。昨天咱说过一个新闻，涉嫌“60 万人入局，30 亿资金被骗”的特大跨境传销案的 6 名嫌疑人，被深圳警方移送审查起诉了，组织头目骗技雷人，利用蜡像合照骗人。

逗包

我太佩服这帮家伙了。

西葫芦

佩服他们干什么?

逗包

拍个照就赚几十亿啊,还是蜡像,太有新意了。

西葫芦

但是如果这些智慧能用在正道上,想必要有价值得多吧。

逗包

葫芦,咱合张影。

西葫芦

干嘛?

逗包

放心,我做公益活动,送给司机师傅们,挂车上辟邪!

剧本

《传销开除》

小甲:我是一个悲催的人。

小乙:为什么?要想开!

小甲:发表的帖子没人顶,买彩票中奖忘了领。过马路掉进污水井,刚分的十楼电梯停。

小乙:有这么倒霉吗?

小甲：刚买的旧车被人领，老婆私奔去了昆明。儿子考分数总是零，打麻将只输从不赢。

小乙：想开点，一切都会过去的！

小甲：菜场买鸡是禽流病，买大米也都生虫虫。经商连锁遇到陷阱，网聊的美女是老翁。

小乙：人生哪有那么顺利的，明天更美好！

小甲：洗桑拿滑进高温坑，痔疮开刀割破喉咙。上吊自杀坠断了绳，被骗去传销两眼蒙！

小乙：你被朋友骗去传销了？是挺可悲的！怎么出来的？

小甲：一上课就睡觉，一吃饭就精神，比谁吃的都多，还老调戏女学员，最后被传销组织开除了。

新闻采访

西葫芦

秀逗剧场第四回：吐槽谈油市民说，网络捧红无话哥。一段标题为“不能说脏话就无话可说”的新闻视频在网上疯狂传播，记者街头采访市民谈油价上涨的影响，最后一位市民的吐槽成了“亮点”：“我能说脏话吗？不能吗？那我就无话好说了。”“无话哥”迅速蹿红，也引发了网友们的造句热情。逗包，请问您对西葫芦有什么看法？

逗包

我可以说脏话吗？

西葫芦

不可以！

逗包

那我无话可说！

剧本

《无话哥》

菲菲：请问您对交通拥堵有什么看法？

雅娉：请问我能说脏话吗？不能？那我无话可说！

菲菲：请问您对贪污腐败有什么看法？

孙杨：请问我能说脏话吗？不能？那我无话可说！

菲菲：请问您对油价上涨有什么看法？

赵岩：请问我能说脏话吗？不能？那我无话可说！

菲菲：请问您对《秀才来了》有什么看法？

晓铭：请问我能说好话吗？不能？那我无话可说！

女生热衷工科男

西葫芦

秀逗剧场第三回：女生热衷工科男，出轨率低很安全。最近，一份名为《女生最喜欢嫁的高校男生排行榜》在网上蹿红，专家分析，排名相对靠谱，尤其是评选条件，完全符合现代女性的婚姻观。

逗包

怎么样，像我这种演技派小清新男是不是最受欢迎？

西葫芦

恰恰相反，人家工科男生才最受欢迎！你们这种什么电影、广播学院毕业的排到最末末了。

逗包

啊，为什么啊？

西葫芦

为什么？出轨率太高，太花心！

逗包

花心？（唱）花的心藏在蕊中，空把花期都错过！我的心忘了季节，从不轻易让人懂！（葫芦无语，逗包给葫芦送花下，葫芦扔花）

西葫芦

恶心死我了！

剧本

《优乐美》

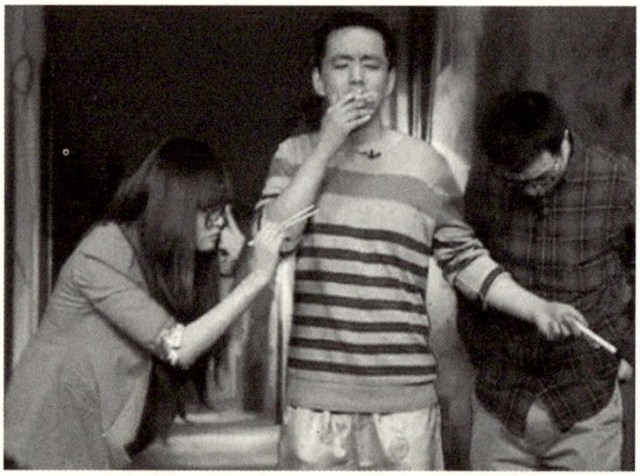

（男子女子站在楼前）

（女子画外音：我爱上了一个工科男，他天天带我去喝豆浆，吃油条，买煎饼果子。）

（男子画外音：爱情真是琢磨不透，就像出来吃饭一样，你永远想不到总是你掏钱。）

女：我在你心中是什么？

男：是一杯豆浆。

女：这样你是不是就可以把我捧在手心里了？

男：不对，我喝完就可以把你丢掉。

旅　游

西葫芦

人怕出名猪怕壮，长江后浪推前浪，前浪恨己不珍惜，后浪结局总一样。大千世界都是戏，看我秀才来演绎。秀逗剧场第一回：游客有钱不购物，导游鄙视惹众怒。前不久，绍兴一群老年人去云南旅游，为了避免购物，他们挑选的是纯玩团，为此还多交了几百块钱，15 天的旅程都很快乐，导游没有强迫购物！

逗包

你看，人家这旅行社多好，导游素质多高！

西葫芦

你先等我说完，就在最后一天返程的时候，导游开始向旅客诉苦，说得很是可怜，见游客没有动静，突然话锋一转："你有钱不购物，我鄙视你；你没钱不购物，我可怜你。"

逗包

哦，原来旅行社学兵法了，先是美人计，然后苦肉计，还来挖苦计，可惜啊，游客走为上计！旅行社彻底没戏！

剧本

《车坏了》

小甲：哎呀，你也去葫芦村旅游啊？

小乙：是的，能坐在一起就是缘分啊！

导游：我先声明啊，一会到了葫芦村都得买东西，有钱不购物我鄙视他！

小甲：没事，我有的是钱！不就是买东西嘛！无所谓！

小乙：您可真能打肿脸充

胖子啊，我是打死不买的，爱鄙视不鄙视！

小甲：你太抠导游会不高兴的！上了车就得听人家的！导游，几个小时到啊？

导游：十个。

小甲：那我先睡会。

（梦中醒来，突然发现，车上的游客都不见了，就连司机也消失了，而这车却沿着山路缓慢地行驶！）

小甲：有鬼！有鬼啊！

导游：有你个头，车坏了，我们都在下面推，就你一个人睡觉。

过 节

西葫芦

秀逗剧场第三回：青年节内不放假，单位活动一大把。昨天是青年节，按国家规定，14 到 28 周岁的青年在这天可以放假半天。虽然规定已经出台四年，但是还是有不少青年人第一次听说，很多单位从未实行过，为了让这一天过的有意义，都是组织活动度过。

逗包

我觉得放假最有意义，让年轻人自己活动，单位就不要再霸占了！

西葫芦

就是啊，等明年青年节，咱茶馆儿也放半天！

逗包

你就不用了，超龄了！

剧本

《忆节》

阿松：岁月催人老，活像一把杀猪刀！

阿柏：不知不觉已很老，再急也没招。

阿松：回忆儿童时代，过的最快乐的是儿童节。

阿柏：那时我们多么欢乐，上蹿下跳，中午不睡觉，跟小伙伴玩闹。

阿松：过了十年就是青年节。

阿柏：青春活力，朝气蓬勃，我还被评为单位杰出青年了！

阿松：再过十年就是父亲节。

阿柏：抚摸着孩子的头，感受着来自孩子的温暖和关爱。

阿松：再过几十年就是老人节了。

阿柏：登高赏景，携伴共行，一步一个脚印，最美不过夕阳红。

阿松：又再过几十年。

阿柏：清明节。

阿松：好的，现在我们换个话题。

阿伯：回忆儿童时代，过的最快乐的是儿童节。

阿松：那时我们多么欢乐，上蹿下跳，中午不睡觉，跟小伙伴玩闹……

短裙上课

西葫芦

秀逗剧场第三回：课堂美女短裙秀，教授微博写感受。前几天，武汉理工大学一位教授在微博上发了一张照片，引发了网友的热议，六位穿短裙的女大学生坐在一起上课，他评："如果我的课堂上坐着一排这样的美腿学生，我不能保证我不会多看一眼，我只是一人性教师！骂我吧！批我吧！"

逗包

窈窕淑女，君子好逑，看看美女这不正常事嘛！

西葫芦

再说夏天那么热，不可能还穿小秋裤吧。不要往歪处想就 OK！你看人家逗包，看再多美女也不会怎样，自控能力好。是吧？逗包？

逗包

对，没错！我自控能力好！哎呀流鼻血了！

剧本

《注意穿着》

教授：我想跟大家说一个比较严重的问题！

学生：什么问题呢？老师？

教授：以后大家一定要注意自己的着装。

班长：那应该怎么注意呢？跟我说，我是班长，我来呼吁！

教授：咱们班的女同学一定要穿的严实点，不要露腿，干嘛呀这是？伤风败俗！

班长：老师，这可不对，那我们总不能穿军大衣上课吧？

学生：就是啊？这么热，你总不能让我们热死吧？开玩笑！什么叫伤风败俗，我就不爱听了！

教授：好吧，爱咋咋的吧，我管不了你们了！下面我们开始讲课。今天讲《赤壁之战》。

学生：老师，什么是赤壁之战？

教授：这你都不懂！赤臂嘛，就是光着膀子，赤壁之战，自然就是光着膀子打仗了。跟你们光着腿一样。哼！

虚假广告

西葫芦

大千世界都是戏，看我秀才来演绎。秀逗剧场第一回：违法广告被通报，著名主持也中招。最近，中国媒购委通报了 30 种违法电视购物广告，其中某著名栏目主持人也涉嫌多则违法广告。

逗包

你看，出事了吧，做事要低调，来找我做广告代言的有多少啊，什么馒头房啊、包子铺啥的，我都没有答应他们，我得需要考察呀！

西葫芦

要不说逗包就是有责任心，那你是怎么考察的？

逗包

先让我吃一年的包子，我看看有没有毒。

西葫芦

好嘛，看出来了，你是个吃货，等你吃完人家包子铺也没了。

剧本

《虚假广告》

A：各位电视机前的观众朋友，大家晚上好！今天在这里很荣幸地向大家推荐一款由我们葫芦公司推出的2011年最新产品“多功能葫芦手表”！下面让我们掌声有请葫芦公司的总裁逗总为我们介绍！

B：各位观众朋友，大家晚上好！大家看到没？葫芦表，手表中的金刚葫芦娃！我们这款手表高贵大方，雍容华贵，整块表是由99.9999999%的黄金铸造而成！

A：哇塞！纯度高达9个9，那不是比纯金还要纯?!

B：当然可以这样说的了！你再看，整个

表的表面都镶有钻石哦！而且是999颗哦！每一颗钻石严格按照黄金比例进行切割，都是完美的八星八箭哦！看到没，看到没？有在闪哦！

A：哇，真的很闪呐！

B：我们这块表要一个师傅用感情、用心血做七七四十九天，才能完成！镶歪一颗，整块手表报废重做！

A：啊，我有没有听错！真是难以让人置信！不过逗总，这又是黄金又是真钻，价格恐怕不菲吧！我想这一定会让很多喜欢我们这款产品的朋友望而却步的哦！

B：大家知道现在黄金和钻石的市场价是多少吗？99.999%的黄金，也就是纯度在5个9的黄金，它的售价就高达200多元每克，而我们已经用最精湛的工艺把它的纯度提高到了9个9！

A：哇塞，好昂贵的价格哦！

B：没错，还有还有！你看，1克拉的钻石售价就高达上万块，而我们将999颗天然真钻镶嵌到了这么小小的一块手表上，如此的惊人之举，是因为我们公司抛下了中间的一切牟利环节！

A：是的！没有代理商！没有柜台费！

B：我们这款手表不要三四万！不要七八千！只要我们的破盘跳楼价！！原价4998元的葫芦表，(撕纸) 今天的直销特惠价只要998！只要998，就可以拿到这款顶级品质的手表！

A：哇！逗总！我真的没有听错吗？我会不会是在做梦？葫芦表真的只要998吗？

B：的确是这样的！这是我们董事会开会讨论了三天三夜才刚刚做出的艰难决定！为了让利给消费者，我们只卖跳楼价998，而且名额有限，只有99名！如果你错过了今天，那么恭喜你，你买不到了！

医院检查

西葫芦

秀逗剧场第四回：女士医院做妇检，病例惊现前列腺。前不久，深圳一位邹女士因为肚子疼到医院做 B 超检查，发现肚子长了一个东西，医生建议做手术。邹女士回家准备请假时，突然发现 B 超报告上有前列腺这一项！

逗包

呵呵，医院一向喜欢优惠大奉送，送针管儿，送纱布，现在还送前列腺。

西葫芦

粗心的医院，长点心吧。你让大家怎么信任你？

逗包

葫芦，我这两天也上医院检查了，我不认字，你帮我看看什么病？

西葫芦

妇科？

逗包

嗯……讨厌。

剧本

《妇科检查》

某人带一位医生回家给妻子看病，他把医生请进里屋，自己在门外等候。

不久，医生探出头来问：“有螺丝刀吗？”

一会儿，医生又要钳子。接着，又要锤子。这人终于忍不住了：“我妻子到底得了什么病？”

医生：“还不大清楚，我的药箱还没打开呢！”

丐　帮

西葫芦

大千世界都是戏，看我秀才来演绎。秀逗剧场第一回：温州丐帮乞讨忙，索要红包闹婚场。近日，温州龙港镇频频出现“丐帮”，逢人结婚，这帮人就会拦截婚车，或是上门索要红包。由于不想坏了气氛，主人家往往选择给钱了事。

逗包

流氓！无赖！这不是明摆着抢钱嘛！

西葫芦

就是，人家新人结婚，大好的日子，这不给人家添堵嘛！

逗包

不过这事也不是没有应对的办法！

西葫芦

什么办法？

逗包

以后，再有谁结婚，你来我茶馆买几把壶，随身带着！

西葫芦

干嘛呀？

逗包

到时候里面装满开水，谁敢要钱烫不死他！

西葫芦

好想法！

剧本

《丐帮招聘》

最火行业属丐帮，海找贤才今放榜。

不限年龄要健康，不怕吃苦要端庄。

不惧泥水不怕脏，横卧马路顶太阳。
耐渴耐饿耐寒霜，有时外援来帮忙。
若有经验先上岗，包吃包住有保障。
每月工资存银行，半年一次游他乡。
为了业务通讯畅，配备手机要上网。
每人微博须开放，定期汇报新思想。
力争行业入世强，努力拼搏挣车房。
通过历练爱心涨，一代一代永兴旺。
办公室里小羔羊，被人宰杀无声响。
哪天打仗没商量，太多饮食不健康。
适者生存才帝王，美好日子钱来养。
机会难求莫徜徉，赶快加入圆梦想。

Rap 煎饼

西葫芦

秀逗剧场第二回：网络走红“煎饼哥”，艰苦创业树楷模。前不久，山东泰安的“煎饼哥”，头戴学士帽卖煎饼走红网络。这个“煎饼哥”本科毕业后其实也多次就业，但实际状况与自身预期相距遥远，于是最终选择了卖煎饼。他说：现在还谈不了什么理想，首先得活着。

逗包

三百六十行，行行出状元，这没什么好丢人的，我现在开个茶馆，日子过得不也挺好嘛！再说了咱还年轻，得往前看，(唱) 越来越好，来来来来。

西葫芦

看人家逗包多豁达！

逗包

那是，就拿我来说，说不定哪天就不端茶倒水了，就去主持《秀才来了》。

西葫芦

那我呢？

逗包

你放心，到时候我让你在茶馆门口摊煎饼！

西葫芦

讲究！

剧本

《切克闹》

员工：老板，为什么他家的煎饼卖得这么火？

老板：据我的分析，有两个原因。

员工：哪两个原因？

老板：一、他是本科生毕业。二、他卖煎饼不走寻常路。

员工：什么意思?

老板：用 Rap 卖煎饼,你听。

学生：(唱 Rap) 吆！吆！切克闹！煎饼果子来一套！一个鸡蛋一块钱！喜欢脆的多放面！辣椒腐乳小葱花！铁板铁铲小木刷！吆！吆！切克闹！放点面酱些许甜！趁热吃了似神仙！艾瑞巴蒂！黑喂狗！跟我一起来一套！动词大慈动词！我说煎饼你说要！“煎饼”,“要”！“煎饼”,“要”！切克闹！切克闹！金黄喷香好味道！

招　聘

西葫芦

秀逗剧场第二回：公考中得头名状,拒不录用很荒唐。前不久,27岁的黄红通过了国家公务员考试,考得了总成绩第一名的好成绩,可就在她满心欢喜准备上岗的时候,却被人事处以“性格内向”的理由给拒绝录用了！

逗包

荒唐！胡闹！人家辛辛苦苦准备了这么长时间,还考了这么好的成绩,怎么就性格内向不予录取了。

西葫芦

没错！这法律也没规定性格内向就不能当公务员啊！

逗包

就是。

西葫芦

哎！逗包，你们茶馆最近不是也招聘吗，怎么样了？

逗包

别提了，一个没招来！

西葫芦

你们什么规定？

逗包

性格外向、身材好、皮肤好、大眼睛、高鼻梁、长头发、高嗓门……

西葫芦

你这招观察团呢？

剧本

《哪个好》

一家公司招聘女秘书，请一位心理学家做参谋。题目是2加2等于几？第一个答等于4；第二个答等于22；第三个答等于4或者等于22。心理学家说：“第一个女子实际但保守；第二个好空想；第三个是最合适的。”

然后问总经理怎么定。总经理想了一会儿说：“还是那个裙子最短的好。”

对错诗

李博士

秀逗剧场第四回：作家错对名诗篇，美女被轰爆粗言！君不见黄河之水天上来，一江春水向东流！

逗包

博哥，你先等会儿，我这茶馆儿还想开些时日，西葫芦那厮，吹得不着调也就罢了，你一个老夫子也在这儿胡搅蛮缠，那我可就不答应了，你这是砸我场子啊！

李博士

非也非也，逗包啊，你昨天没看咱节目吗？这是80后美女作家对的，她参加一个智力答题电视节目，就是这么对的，哎呀当众出丑啊！

逗包

出丑怎么了，常在河边走，谁能不湿鞋，难道作家就必须对上古诗词吗？

李博士

那你的意思？

逗包

漂亮就行嘛！

剧本

《对诗》

A：床前明月光，

B：李白睡得香。

A：三个臭皮匠，

B：臭味都一样！

A：不为五斗米折腰！

B：给我六斗就可以。

A :穷则独善其身，

B：富则妻妾成群。

A：西塞山前白鹭飞，

B :东村河边乌龟爬？

A：天若有情天亦老，

B：人若有情死得早？

A：想当年，金戈铁马。

B：看今朝，死缠烂打。

A：洛阳亲友如相问，

B :请你不要告诉他。

A：日照香炉生紫烟，

B：李白来到洗手间。

A：对诗你到底行不行？

B：你说行就行！

A：对不起你被淘汰了。没有人能把你留下来。

B：(唱《最炫民族风》) 留下来。

图书馆

西葫芦

定场诗：

海鳖曾欺井内蛙，大鹏展翅绕天涯。

强中更有强中手，莫向人前满自夸。

大千世界都是戏，看我秀才来演绎。秀逗剧场第一回：大学校园占座忙，胡乱收费很荒唐。长期以来，这大学的自习室就流行“占座风”。最近，河北某大学图书馆推出了“VIP 座位”，学生只要交 160 块钱，就可以使用该座位两个月！

逗包

胡闹！这学校领导想钱想疯了吧，还 VIP，你当这大学校园是桑拿房还是洗浴中心啊，荒唐！哎，葫芦，我得给你说个事！

西葫芦

什么事？

逗包

我不是挑事的人哈，你没来这两天，李博士把你这个喝茶的专座给霸占了！

西葫芦

你没跟他说吗？这个位子是我的？

逗包

人家拿钱来喝茶，我怎么好意思撵人家走啊，要不这样吧，你每天给我 200 块钱占座费，这个位置就固定给你了！

剧本

《图书馆那些事》

学弟：学姐，不好意思，这道题怎么做？

学姐：我已经有男朋友了，还要问吗？

学弟：噢……我突然来了灵感。

学妹：学长，不好意思，这道题怎么做？

学长：学妹你有男朋友吗？

学妹：有了。

学长：这道题，我也不会做。

学弟：学姐，请问下现在几点了？

学姐：不好意思喔，我有男朋友了。

学弟：哦！我好像突然知道几点了。

学弟：学姐，不好意思，我手机没电了，请问现在几点了？
学姐：不好意思，我有男朋友了，还问吗？
学弟：噢……我手机突然来电了。

西老板

西葫芦

大千世界都是戏，看我秀才来演绎。秀逗剧场第一回：机场搬迁在眉睫，重新命名五粮液。最近四川宜宾机场将迁址重建，新建的机场将命名为"宜宾五粮液机场"，据说这是全国首个以企业命名的机场，将有助于宜宾提档升级。

逗包

不错呀，要致富，先修路。好经济必须有好的交通，不过真要以"五粮液"给机场命名，我还有些担心。

西葫芦

担心？有什么好担心的？

逗包

我怕飞行员喝多了五粮液，醉酒驾驶啊！

西葫芦

嗯，也是。

剧本

《老总视察》

秘书：老板，这里都是您掏钱冠名的，所以这里任何东西都是以您的名字命名的。

老板：那机场、宾馆、澡堂、餐饮、洗手间都叫什么？

秘书：西葫芦机场、西葫芦宾馆、西葫芦澡堂、西葫芦餐饮、西葫芦洗手间。

老板：洗手间就不要用我的名字了！

秘书：好的，我一会开会跟他们说一下。

老板：哎，对了，现在就开，我也见见他们。

秘书：好，来来来！都聚合了！开会了！这是我们的西老板！这里的所有东西都是他花钱盖的。

老板：大家好！

员工：老板好！

老板：大家辛苦了！

员工：老板更辛苦！

老板：大家都晒黑了！

员工：老板更黑！

买 狗

西葫芦

秀逗剧场第三回：网络惊现励志狗，海拔高处忙奔走。最近，网络上一只小狗火了，这只狗是一组骑行车队在路途上偶遇到的，在海拔四千米以上的高山上，这只小狗跟随这组骑行车队奔跑了将近两千公里。

逗包

哎呀，海拔四千米呀，连人都有高原反应，跑两千公里，这小狗还真有毅力呀！

西葫芦

所以它被称为“励志狗”嘛！逗包，给你商量个事儿，赶紧把你家喔喔炖了，换个励志狗养，还能给你看门，防止坏人进来呢！

逗包

哎，我左思右想，深思熟虑，不行，不能换！

西葫芦

为啥呀？

逗包

我怕养了狗，你进不来了！

剧本

《买狗》

买家：就一只普通的小狗，你竟要价五百美金！何况它的眼睛还有问题，它总在眨眼睛……

卖家：先生，这可不是毛病，它这是暗示，我出的价太便宜了。

愚人节

逗包

秀逗剧场第三回：四月一日又来到，整人玩具很火爆。愚人节来了，您准备好“武器”了吗？

西葫芦

哎，这愚人节又不打仗，准备什么武器啊？

逗包

这你就不懂了吧，要不今天就得让你给我倒水呢！这两天，像仿真蟑螂、喷水小马桶、臭气包等这些整人的小玩具，早就在网上卖火了，这年头儿，你要整人，没点装备怎么行？

西葫芦

哎呀，愚人节老被人糊弄就够烦人的了，还整这么多玩意来，真是。

逗包

葫芦，如果你今天被骗了你会怎么办？

西葫芦

我比较大度，谁让我过愚人节我就让他过清明节！

剧本

《愚人节上厕所》

老李：都说愚人节不能上厕所，可是这憋得慌，不去不行啊。不管了，先去解决了再说。

哎呀，舒服呀。啊？天呐，没有纸，真是躺着也中枪啊，果然被整了，哼哼哼，幸亏我有手机，打电话找哥们来送点纸。

(黑场)

老李：喂，老王啊。我在厕所啊，没纸了，麻烦你来送点呗。

老王：哈哈老李，你别逗了，今天愚人节，刚才就有人喊我去给他送纸，你又来这一套，我不信，先挂了啊。

老李：哎哎哎……

(黑场)

老李：喂，老刘啊，你能来厕所给我送点纸吗？我上完厕所没纸了。

老刘：我还不知道你？平时就爱开玩笑，这又正好赶上愚人节，所有外来工作一律拒绝，不好意思，哈哈哈。

(黑场)

老李：哎哎老孙啊，你先听我说，我知道今天是愚人节，但是你必须相信我，我在厕所没纸了……

老孙：停！想骗我？没门。我刚用这招骗完人，我是不会相信你的，哼哼哼……

(黑场)

老李：喂，老杨啊……

老杨：老李啊，别指望了，我在这里已经蹲了三个小时了，手机快没电了，腿也蹲麻了，到现在还没脱困。

花 絮

逗包

秀逗剧场四回：花絮周周有，今天特别多！

西葫芦

这个花絮好，那个花絮妙，观众看了哈哈笑。人间百态都包括，大事小事都来唠。

逗包

贫什么贫？今天我当家，倒水！

西葫芦

好，我来。

逗包

你怎么这么笨？应该这么倒！你看到没？这么倒。

西葫芦

好，还能怎么倒？

逗包

这样,这样,这样。

西葫芦

你看,干啥就是干啥的。

逗包

哎,不对啊,我当家啊!

小偷爸爸

西葫芦

秀逗剧场第二回 :手机软件真奇妙,帮助破案拍贼照。现在手机高科技。

逗包

没错,手机上网、微信、斗地主,削水果。

西葫芦

用手机抓贼听说过吗?

逗包

抓贼? 警察牌儿手机啊? 竟扯没用的!

西葫芦

广州有个哥们手机就被偷了，偷手机的家伙两次输入错误的开机密码，小偷照片已经被拍摄发到机主邮箱，想关机又关不了，被弄得狼狈不堪。其后黄某欲逃离现场时，被群众人赃并获。

逗包

这软件挺好，我给我这壶也装一个，要有人偷，不用给那贼拍照，直接往脸上喷开水就行！

剧本

《小偷打儿子》

小偷：你给我过来，我打死你这个不争气的东西，打死你，打死你。

儿子：爸爸，我不敢了，再也不敢了。

妻子：你给我过来，你疯了吗？你为什么要打儿子？你看把儿子打的。

小偷：打他活该，我干小偷这“光荣”的行业十几年了，辛辛苦苦在外面偷点钱养活你们娘俩容易吗，可是这个狗东西，他……他居然说长大了想当警察。

妻子：什么？打死你个狗东西，让你不学好，让你不学好。

大学生热衷卖猪肉

西葫芦

赵钱孙李，周吴郑王，冯陈楚魏，切糕蘸白糖。大千世界都是戏，看我秀才来演绎。秀逗剧场第一回 :四成毕业大学生，贩卖猪肉弃白领。四年前有公司向社会大招研究生、大学生卖猪肉，引起社会热议。

逗包

我觉得不该去！这不是浪费人才吗？当年我上学的时候他们就招我了，我说你们有病！

西葫芦

我告诉你，现在可不一样了！现在四成大学生愿意去承包肉摊卖肉，而放弃进入公司做管理。

逗包

为啥呢？

西葫芦

猪肉涨价了呗！你以后出去小心点！

逗包

哦。你不是好几个月不出门了吗？（笑）

剧本

《猪肉涨价》

一男子因为骂邻居是猪，法官要罚他 50 元。

男子哀求道：法官先生，上次我同样骂他是猪，只罚了我 30 元。

法官答道：很遗憾，我无能为力，因为猪肉涨价了。

探 险

西葫芦

秀逗剧场第二回：幼儿园内地沟油，家长厨房寻根由。数百家长近日聚集贵阳白云区一幼儿园向园方讨说法。

逗包

怎么了？这么热闹？能动手别吵吵。

西葫芦

你真是看热闹不嫌事大啊！王女士的儿子在该幼儿园读大班，前两天她发现儿子有厌食、呕吐的现象，一个多星期都没好。

逗包

那你上医院啊，找幼儿园干嘛？你难产是不是也找幼儿园呢？

西葫芦

后来她参加儿子的家长会才知道，不是娃娃的问题，而是在学校吃了不健康的食品。

逗包

那太缺德了！严查，严查！

西葫芦

用你说？

逗包

你不说我能说这事？不愿跟你唠嗑！

剧本

《不怕蛇咬》

有人被一条五步蛇咬了一口，没过一会儿，蛇全身抽搐，死了。

那人鄙视着对蛇说："老子从小喝的是三聚氰胺牛奶，吃的是吊白块面粉、地沟油炸的油条、苏丹红腌的红心鸭蛋、避孕药喂大的黄鳝、打激素的鸡和注水的猪肉、福尔马林泡过的卤肉，喝的是严重污染的水。从小还打过假冒的疫苗，敢咬我，真是找死！"

研究生咬耳朵

西葫芦

毁誉从来不可听，是非终究自分明。一时轻信人言语，自有明人话不平。大千世界都是戏，看我秀才来演绎，秀逗剧场第一回：饭店厨师耳被咬，只因结账没谈好。说的是前两天，在新疆乌鲁木齐市的一家餐厅，几名研究生吃完饭以后因为结账的问题，与餐厅的服务员发生了肢体冲突，导致餐厅的四名工作人员受伤，其中一名厨师的左耳被齐根咬掉了。

逗包

人不犯我，我不犯人，人若犯我，咬他耳朵。

西葫芦

呦，脾气还挺大。

逗包

别说废话，先交个茶钱吧。一杯五百。

西葫芦

什么茶这么贵啊？你这不坑人吗？哼，奸商！

逗包

你说谁呢？你这耳朵还想不想要了，我咬！

剧本

《厨师家长会》

厨师：哎，你说我这命，干厨师十几年，这回竟然被人咬了耳朵，真是倒霉啊！

邻居：少来，你以为我不知道？饭店瞎要钱，明明三百，你敢要五百！

厨师：这你都知道？那也不是我说了算，老板定的！现在的孩子脾气太暴躁了！

儿子：爸爸，老师让去开家长会！

厨师：没看我正忙着呢吗？告诉你老师，爸爸没时间去！

儿子：我怎么说？你跟老师讲吧！

老师：（电话）你是小强的家长吗？

厨师：是我，有什么事儿？我现在很忙！

老师：听说您打麻将不来参加家长会？有这回事儿吗？

厨师：胡说，没这回事儿，我忙工作呢！

老师：别狡辩了，我都听到麻将声了！

厨师：什么麻将声，我是厨师，那是炒菜声！

邻居：胡了！

老师：你还说没打麻将，我都听到有人喊胡了！

厨师：你看看，都怪你，光顾着跟你说话，菜都糊了！

迟　到

西葫芦

秀逗剧场第二回 :迟到罚款价格涨,矢口否认很荒唐。逗包,过来。今天几点来的?

逗包

七点啊!

西葫芦

不是让你六点来吗? 罚款五十!

逗包

五十? 你打劫啊! 没有比你更狠的了啊!

西葫芦

谁说的? 常州一所学校的班主任制定的罚款标准比我高,每迟到缺勤一次罚款一百元。

逗包

一次一百元,哎呀,早知道去当老师了。

剧本

《早晚要还》

小甲：哎，学校太狠了，迟到还罚钱！

小乙：罚点儿就得了，现在一次罚一百！

小甲：搞得我现在每天早上五点起床，生怕迟到！

小乙：你这算什么？我三点就起来了！

小甲：哎，不是上课吗？老师怎么还没来？

老师：同学们，作为老师我竟然迟到了，我没有资格享受大家的敬礼，今天不用喊老师好了。

小甲：不，知道错的老师才是好老师，才有资格享受大家的敬礼，我们一定要喊！

小甲、小乙：老师好！老师好！老师好！

(校长从一角出现)

老师：完了，这下全校都知道了！

停　电

西葫芦

秀逗剧场第四回：意外停电惹愤怒，学生集体烧图书。说的是湖南湘潭有一所中学，在晚自习的时候意外停电了。这一停不要紧，学生们集体爆发了，烧书的、丢书的、撕书的，把心里积累很久的怨恨都发泄出来了。

逗包

据说这个学校每周只有周日上午半天假，学生们用这半天只能睡觉。

西葫芦

疯狂的补课，强大的升学压力，压得学生喘不过气来，你说说孩子们能承受得了吗？

逗包

我觉得，烧书就是一种发泄手段。

西葫芦

对，有什么事儿就要发泄，不能老憋着，要是老憋着就跟逗包似的，憋着憋着就把脑袋憋大了。

逗包

(推葫芦) 啊，上一边去！

剧本

《偷吃菜》

班长：同学们，鉴于上几次停电，我们书都已经烧完了，那么今天我们……

舍友A：烧床单？

班长：烧什么床单！晚上怎么睡？笨啊！

舍友 B：今天什么时候停电啊？

班长：那谁知道啊？不管这些，今天是我生日，咱们大家一起在宿舍吃点饭！

舍友 A：菜这么少，人这么多，万一停电有人偷吃呢？

班长：不会的，我早就想好办法了！一会停电了，就一起拍手，就 OK 了！

舍友 B：哎呀，停电了！

班长：好，那我们开始吧！（三人一起鼓掌）

舍友 B：呀，来电了！

(班长和舍友 B 一起看着舍友 A，舍友 A 一手拍脸，一手夹菜吃得津津有味！)

男子中学除伪娘

西葫芦

秀逗剧场第一回：阳刚之气要培养，男子中学除伪娘。说的是，上海有一所学校觉得现在的男生都普遍缺乏阳刚之气，伪娘的现象太严重。为了解决这个阴盛阳衰的问题，现在有关方面正在酝酿打造第一所男子中学。

逗包

全是男生啊，哎呦，我觉得不咋地，葫芦你说效果会怎样呢？

西葫芦

我觉得吧，可以尝试一下，你像国外就有很多男校女校，其中不少还都是名校呢。

逗包

其实，我觉得吧，娘一点也好，有句老话说得好嘛，男人的一半是女人嘛！

西葫芦

我看这个学校要开始招生的话，第一个就应该把你送进去！伪娘！

剧本

《学院点名》

老师：你们都是爷们，你们都是纯爷们！今天起，你们就是阳刚男孩的希望！

学生A：老师，咱们整个男子中学就俩人，你觉得还有上课的必要吗？

老师：怎么没有？为什么人少？因为他们已经伪娘了，无药可救了！

学生B：其实我也想当伪娘，现在选秀伪娘多火啊？

老师：哪那么多事儿，来了就好好学习，我点名！王晓明！

学生A：到！

老师：杨小华！

学生B：耶！

老师：杨小华

学生B：耶！

老师：杨小华

学生B：耶！

老师：你这孩子怎么回事？老耶耶什么呀？点名呢，严肃点！

学生 B：老师，那念烨，我叫杨小烨！

学生 A：耶耶耶耶耶耶耶耶耶耶耶！

买水果

西葫芦

秀逗剧场第二回：产量减半价格飚，猪肉不如小樱桃。又到了樱桃上市的季节，市民们发现，今年的樱桃价格贵得离谱，一般的要 40 元左右一斤，吃一颗樱桃就要三毛钱啊。

逗包

大蒜涨价叫“蒜你狠”，绿豆涨价叫“豆你玩”，大姜涨价叫“姜你军”，这回叫什么？“樱谋诡计”！

西葫芦

不要紧，逗包，樱桃不吃也不会怎样的！全当省钱了！

逗包

啊，我最爱的樱桃，没有你我怎么保持我苗条的身材和娇美的容颜啊。

西葫芦

(呕吐……)

剧本

《买水果》

顾客：老板，水果挺全啊！

老板：对了，买水果啊？新到的樱桃，买点？

顾客：可不敢，比猪肉还贵呢，买不起，这橘子看上去挺新鲜，可以尝尝甜不甜吗？

老板：当然可以。

顾客：老板，这橘子好酸啊！

老板：这怎么可能？很甜啊，你尝尝。

顾客：吃完了才吃出甜来，这柿子红彤彤的，应该不会苦涩吧？

老板：你尝尝。

（顾客全部水果尝一遍）

老板：你到底要买什么水果啊？我所有的水果都给你试过了。不买你可不能走！

顾客：哎呀，小气鬼，我说不买了吗？给我来个西瓜。

老板：吃了还有理了，一共九块五。

顾客：老板，五毛算了吧！

老板：好吧，十块钱！

猪八戒整容

西葫芦

秀逗剧场第四回：传播迷信做诈骗，整容捞钱一百万。说的是几个人利用美容院进行诈骗，只要来美容院的顾客，都会被算命的说是“面相不好”，不是亲人会有疾病，就是丈夫会有外遇。要想破除厄运，必须“改面相”整容。就这样，有七名受害者被骗了一百三十多万啊。

逗包

我刚才听你说什么算命郎贤的，哎，我也会算，我给你算算！

西葫芦

吹得挺玄乎啊，牛都在天上飞了。

逗包

真的，我看看你啊，面色晦暗，眼睛无神，脖子也粗了，你这就是总不劳动的事，这个血气不往下走，就是太懒招的！

西葫芦

这么严重啊，那怎么办啊？

逗包

这好办，以后你倒茶，我主持。好，下面一个小品，走着！

剧本

《整容兄弟》

猪八戒丑得要命，于是他跑去韩国整容。（《西游记》猪八戒视频）

几个月后猪八戒回来了，变成

了一名英俊潇洒的帅哥。(刮风,许文强打扮,英姿飒爽)

后来猪八戒托人介绍找到了一位女朋友。(媒婆站中间,猪八戒和美女站两边)

猪八戒为了不隐瞒,诚实地跟美女说 :我整过容! 知道我以前有多丑吗? 我是猪八戒!

美女 :二师兄,我是沙师弟啊!

钓 鱼

西葫芦

秀逗剧场第二回 :德州水库娃娃鱼,山东省内属首例。

逗包

哎哟,上班呢? 没休息啊? 哎,辛苦啊! 走,上德州玩去?

西葫芦

去德州干嘛?

逗包

德州乐陵碧霞湖水库发现野生娃娃鱼了。

西葫芦

这事我知道,纯野生娃娃鱼要求的周围环境比较严格,北方基本没有,这次在碧霞湖水库发现娃娃鱼应该属于山东省首例。

逗包

不跟你唠了，我是有假期的人，我要走了，哎，没假期的伤不起啊！

剧本

《钓鱼》

小甲：据说人家在水库里钓了一条娃娃鱼，说不定我也能有这好运气呢！

小乙：钓娃娃鱼犯法，小子，别不要命了！

小甲：我就说说，谁敢啊！那是国家保护动物！你干嘛呢？

小乙：钓鱼啊！

小甲：用镜子钓吗？

小乙：不错，这是新发明的一种钓鱼方法！

小甲：你能告诉我吗？

小乙：给我一百块钱，我告诉你。

小甲：可以，你告诉我吧！

小乙：方法是这样的，你把镜子对着水面，一看见有鱼游过就马上用镜子的反光去吓它。待鱼儿吓昏后你就可以把它捞起来。

小甲：胡说八道。这样怎么可能钓到鱼。你钓了几条了？

小乙：今天你是第五条。

霸王餐

西葫芦

秀逗剧场第三回 :霸王餐后把人打，气焰嚣张开宝马。西安康复路附近顺家酒店的负责人曲先生很烦恼。酒店来了几名年轻男子，吃完霸王餐后，从开来的宝马车上拿出钢棍，将员工打伤。曲先生表示 : 闹事的人每次来饭店吃饭都没有付账的意思，并且还让我给他们准备钱，否则就不让我在西安安稳经营。

逗包

(带着黑布) 西葫芦，把钱给我交出来，要不然我弄你！

西葫芦

哟，小样我还不信这个邪了，我就知道是你小子，放你一天假不好好休息上这里来得瑟！你别跑！

逗包

开玩笑呢，开玩笑呢！

剧本

《霸王餐》

教授 : 吃霸王餐的家伙有很多，给商家造成了心灵上的创伤，今天我就给大家讲讲吃霸王餐的六种情况！第一招 : 死乞白赖式

(画面一)

服务生：先生请付钱。

顾客：我没钱！

服务生：你要不讲理我就叫人了啊，教训你！

顾客：你们是大店，名声还要吗？

第二招：穷凶极恶式

（画面二）

服务员：先生请付钱！

顾客：谁敢要老子钱？知道我是谁吗？哼。

第三招：金蝉脱壳式

（画面三）

顾客：老板不在，撤！

服务员：哎，人呢？

第四招：借酒赖账式

（画面四）

服务员：先生请付钱！

顾客：欠账！

服务员：不欠！

顾客：欠账！

服务员：不欠！（无限重复）

第五招：栽赃陷害式

（画面五）

服务员：先生请付钱！

顾客：有没有搞错啊，有只苍蝇耶，你说咋办吧？

服务员：对不起，那免单！

顾客：免单？赔我 300 块！我要去医院检查！

第六招：挑肥拣瘦式

（画面六）

服务员：先生请付钱！

顾客：你们的菜味道不好！你们的大葱放少了！五块钱的拉面为什么不放十块钱的肉？

服务员：您走吧，欢迎下次不要光临！

豆 浆

西葫芦

秀逗剧场第三回：清水白面兑豆浆，假冒伪劣充市场。近期有媒体报道有商家用豆浆精调制豆浆，引起了不少市民的担心。

逗包

济南也有卖这种豆浆精的商铺吗？

西葫芦

记者调查了，不仅有卖的，而且渠道很丰富，有的店主甚至热心教授记者勾兑技巧。

逗包

用法律严惩他们啊！

西葫芦

我国豆浆制作和销售市场比较混乱，没有国家标准，鲜磨豆浆和调制豆浆无法区分界定，随意的添加行为对消费者产生危害。

逗包

这喝了多可怕啊？还是喝茶好。来！

剧本

《豆子的好处》

顾客：老板，豆浆怎么卖？

小贩：三块！

顾客：涨这么快？

小贩：有本事你喝牛奶去！

顾客：想我没有？

小贩：哎呀妈呀，这不是老同学吗？现在干嘛呢？

顾客：现在在公司做销售经理，想跟着你混！

小贩：你可拉倒吧，净拿我开玩笑！

顾客：没有，哥，据说现在你们豆浆都拿香精勾兑了？

小贩：别听他们瞎说，我可没那么黑心，我挣的都是良心钱。我还做豆腐呢！纯豆子，是个好东西！

顾客：这个能发财吗？

小贩：当然，做好了是豆腐，要是做硬了那就是豆腐干，做稀了就是豆腐脑，做薄了就是豆腐皮，做没了就是豆浆，放馊了就是豆汁……

顾客：那万一卖不了呢？

小贩：就干脆搁臭，还能当臭豆腐。

点钞员

西葫芦

少小离家老大回，安能辨我是雄雌。洛阳亲友如相问，就说哥是自来卷。大千世界都是戏，看我秀才来演绎。秀逗剧场第一回：科学搞笑又有趣，数钱也能把痛去。说的是这外国有搞笑诺贝尔奖，前不久，咱中国也举办了首届搞笑科学奖——美其名曰“菠萝”科学奖。获奖的科研成果是五花八门啊，比如说，瓦罐鸡汤为什么这么好喝啊，用猴脑控制的机器人怎么烹制鱼香肉丝啊。

逗包

哦，怎么都和吃有关啊，敢情这个奖项的评委是些吃货？

西葫芦

你以为都和你一样啊。最让人叫绝的是获得心理学奖桂冠的科研成果——“数钱可以缓解疼痛”。说是以后有个头痛脑热，少吃药，直接数钱就好。

逗包

哎呦，哎呦。

西葫芦

怎么了这是？

逗包

我疼啊，浑身疼，快点给我钱我用用。

西葫芦

给给。

逗包

再多给点！（数钱）嘿嘿，真管用！

剧本

《数钱抽筋》

女友在财务部门工作，年底特别忙。我给她发了条祝福短信："亲爱的，祝你财源滚滚，数钱数到手抽筋。"

过了好一会儿，女友回短信说："以后闭上你的乌鸦嘴，点钞机坏了，我正在数钱。"

丢手机

西葫芦

秀逗剧场第二回：游客武汉手机丢，民警速把小偷揪。说的是："春暖花开，呼朋引伴，外出游玩，小心口袋被拉开。便衣警察，暗中法眼，敏捷迅速，小偷立马被抓来。”这是香港游客郑先生在武汉旅游时的亲身经历，郑先生在街头买东西时手机被偷，随后报了警，不到二十分钟，便衣反扒民警就将小偷给逮住了。

逗包

哎，我要是香港市民就好了。

西葫芦

这话怎么说的？

逗包

香港市民丢东西找得快。

西葫芦

我想起来了，前段时间美国人丢了东西也找回来了，日本人丢了东西也找回来了。

逗包

我这茶壶都丢了第八个了，每次去报警，警察叔叔都说你这壶不值钱不值当的。

西葫芦

对，你这壶确实不如手机贵。

逗包

意义不同啊，我就指望着茶壶出名，昨天还被观众认出来了，大茶壶，不认逗包只认大茶壶！

西葫芦

哎，病又犯了。

剧本

《手机丢了》

坐公交去上班，路上和我女朋友打电话。

她说公交车上小偷多，把手机和钱包放好了。

我说 ：“放心吧，钱包在包里，手机在……糟了，我手机丢了！”

她二话不说就开骂，我一直解释一直解释。然后两人突然反应过来，把电话挂了。

结婚定金

西葫芦

大千世界都是戏，看我秀才来演绎。秀逗剧场第一回 ：订婚礼金三斤三，市民抱怨不喜欢。昨天咱们也说了，最近菏泽市民都在抱怨，房买不起车买不起，现在就订个婚，也订不起了！

逗包

这不就是敲诈吗 ？想过孩子没有，要那么多钱，结婚后能幸福吗？

西葫芦

就是啊，礼金这么高，增加了孩子的负担！

逗包

唉，咱俩是男的白瞎了，你说咱要是女的，在菏泽赚大发了。

西葫芦

是啊，我这模样还能值几万，你呢？

逗包

我能值五六万吧。

西葫芦

你倒贴？

剧本

《女朋友舅妈》

甲：我听说，你跟玛丽的婚事吹了？

乙：对，她嫌我穷。

甲：你跟她说你有一位有钱的舅舅在美国没有？

乙：说了。现在她是我舅妈了。

安全培训

西葫芦

秀逗剧场第二回：培训通知满天飞，企业抱怨收费黑。最近，济南市的不少公司、企业都收到了要求参加安全管理培训的通知，培训时间为 4 天，费用每人 500 元。

逗包

包吃包住吗？有纪念品吗？

西葫芦

想什么呢？就是去上课，然后参加考试，合格后给你发个证书！

逗包

太黑了吧，真会赚钱，就几张纸的成本！

西葫芦

你先别说人家，你也好不哪去，也够黑的。

逗包

怎么说话呢，去听这个培训能有什么味？我这茶叶虽然过期了，但你也能喝着茶味不是？

西葫芦

是，和柳树叶一个味。

逗包

不可能，我用椿树叶搓的。

剧本

《安全培训费》

领导：今天咱们召开安全培训大会，都把钱交上来！

员工：交什么钱？是你们要求培训的，怎么还要钱？

领导：你怎么那么多话呢？让你交你就交！

员工：即便交了钱，又能讲出什么来？

领导：你不培训怎么能知道什么是安全，什么不是安全呢？

员工：你提个问题，我要是回答不上来我就交钱！

领导：可以，这是你说的！请问，家里煤气漏气怎么办？

员工：点支烟冷静一下！

涨工资

西葫芦

秀逗剧场第四回：全球教师工资榜，中国垫底很彷徨。最近，一份调查引起了网友的热议，在全球28个国家的教师中，单论工资排名，中国教师几乎垫底。

逗包

得了吧，工资低，可课外收入高啊，上一堂“课外活动课”，顶半年工资！

西葫芦

那毕竟是个别现象，大多数老师还是“为人师表”，不是有句诗是这么说吗：“春蚕到死丝方尽，蜡炬成灰泪始干。”

逗包

那还有句诗是这么写得呢：课堂走过场，全靠课外补；没礼不鸟你，礼少不教你；请客找家长，埋单咱不管；家里不开火，酒肉顿顿饱。

西葫芦

哎，又疯了。

剧本

《涨工资》

一天，在地里看到一个人正在追另一个人，便追边喊：“你给我站住，你给我站住。”

这时候，正好前面有几个人走过来，听到喊声马上把前面这个人拦了下来，并打了一顿。

等追的人到了后，这帮人问：“好了，我们帮你教训他了，你为什么追他啊？”

这个人喘了半天气说：“这小子，涨了工资不请客。”

家庭暴力

西葫芦

秀逗剧场第二回：男子频频施家暴，被判离妻百米遥。说的是，郴州市一位男子屡次对妻子实施家暴，拳打脚踢！

逗包

不结婚挨揍，结婚也挨揍，让不让人活啦！

西葫芦

不过，这个暴力男已经被法院处罚啦！

逗包

对，再揍回来！

西葫芦

没文化真可怕，法院判的是三个月内，这位男子不得在妻子二百米范围内活动。

逗包

哎，你离我二十厘米开外啊，近了我就让喔喔啄你！

剧本

《阻止家暴》

邻居家暴，女人被打得哭天喊地，死去活来。

妻子欲去劝阻，被丈夫拉回。

妻子怒声质问：你个混蛋见死不救就算了，为什么还不让我去？

丈夫理直气壮地答道：一、别人家务事我们不干涉，二、以后万一我揍你，也不希望别人来干涉。

画　家

西葫芦

秀逗剧场第四回：假借庆典骗名画，几经周折终被抓。前不久，国家一级画师谭先生收到一名男子发来的作品征集函，说华西村要办五十周年年庆，要征集画作。可谭先生把作品寄出后，就杳无音讯了。

逗包

这贼的胆子还真是大哈，竟敢打着这些幌子招摇撞骗。相关部门真得该好好查查了。

西葫芦

就是啊，骗子花样那么多，这些画家还真不好识别。

逗包

就是啊，前几天我也收到了一个作品征集函，看来这家伙给名人们都发了。

西葫芦

唉，他说话，大家当真的听就行。

剧本

《画家的解释》

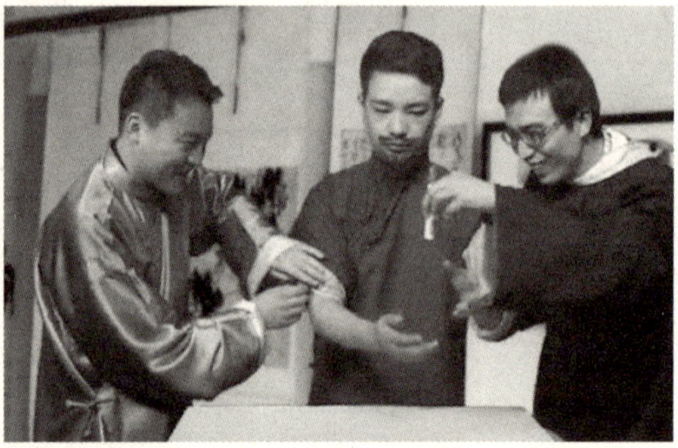

骗子：怎么没画呢？

画家：我有画呀！

骗子：那为什么画纸上是空白？

画家：因为我画牛在吃草，草就没了。

骗子：那牛呢？

画家：牛吃完草就走了。

产假延长

西葫芦

大千世界都是戏，看我秀才来演绎。秀逗剧场第一回：职工产假延八天，照顾女性出规范。就在前天，国务院常务会议通过了《女职工劳动保护特别规定》的修订草案，调整了女职工禁忌从事的劳动范围，并且将女职工生育产假由 90 天延长至 98 天，还规范了产假待遇。

逗包

恭喜你啊葫芦，你的假期啊又被延长了，呵呵。

西葫芦

同情你啊逗包，你休假那会儿就没赶上好时候，哎，伤不起啊。

逗包

哼……

剧本

《生男生女》

老公：你们单位真好，产假 98 天！

老婆：是啊！领导很开明，我们好开心！

老公：不知道是男孩还是女孩啊！

老婆：人家都有重男轻女的思想，你不会也有这个想法吧！

老公：没有，绝对没有！

老婆：那生好小孩我想吃点啥不会有啥不一样吧！

老公：不会，绝对不会！

老婆：那生了男孩……

老公：吃啥有啥。

老婆：那生了女孩……

老公：一样，有啥吃啥。

武大保安

西葫芦

秀逗剧场第三回：保卫网页受热捧，诙谐幽默很招风。最近，一个名为武汉大学保卫部的网页火了，上面的语言诙谐幽默、充满时代感，受到武大学子的热捧。

逗包

对对，我听说了，那话写得，什么“开宝马的就一定是富二代吗？莫非你以为我们穿保卫服的就都是屌丝？”还有什么，“西葫芦就只能被炒吗？错了，西葫芦还可以说话”。还有西葫芦……

西葫芦

行了行了，还有一句话，你知道是什么吗？

逗包

什么？

西葫芦

(要打) 怎样做叉烧包。

逗包

你你？……

剧本

《OK》

保安：(打电话) 咱们武大保安这回可火了，很多网友都关注咱们了！但是校长说了，以后说话都注意点！

学生 A：(爬墙上) 哎呀妈呀，总算爬进来了！

学生 B：咱们这么做太危险了，学校有规定不让翻墙上网吧，被抓住要写检讨的！

学生 A：就你胆小，你看我怕过吗？碰不到保安不就行了吗？

学生 B：哎，那有个看车棚的老大爷，问问他这能过去吗？

学生 A：哎，大爷，前面有保安吗？

老大爷：(做了一个 OK 的手势)

学生 A：看到了吧，没事，老大爷说 OK，没问题！走！

保安：站住！又翻墙上网吧是吧？走，写检查！

学生 B：大爷，您不是说 OK 吗？你怎么能骗人呢？

大爷：谁说 OK 了？我说有仨保安！

编导手记

Biandaoshouji

代号：东吴水师
籍贯：山东枣庄
职务：制片人
特长：略通文墨，酷爱生活；
闲时走笔，常思己过；
忙亦乐乎，开花无果；
飞鸿迟至，锦书可托。
信条：万物并作，吾以观复！

无题

孙军

一十四年是与非，辗转飘零事多违。
乡关渐远愁何在，半卷残书势已微。
文章千古书生事，秋去唯念大雁归。
锦鳞岂是池中物，风云际会借落晖。

代号：蔷薇（水晶帘动微风起
满架蔷薇一院香）
籍贯：山东泰安
职务：副制片
特长：头发长，见识长。
信条：就不信我瘦不成条！

四季·欢歌

张婷婷

年初的大雪
曾写下这样的诗句
公道秀才十君子
与我共遂凌云志
刹那百个日夜
文字随思想嬉戏

那一场春雨
催生新芽

五月的栅栏
牵扯着六月的绮梦
和着碎成一地的斑斓
和着笑靥荡漾的涟漪

一只蜻蜓
栖息在夏日的荷瓣上
仰望繁星点点
忽而一束光华
凝在了它的眉间

醉成一朵蔷薇吧
眠在绿色的薄荷香气里
等待九月的欢歌
俯仰金黄之间
齿颊弥漫着果实的香甜

歪诗说秀才

李　博

天下大小事，
匹夫皆有责。
为民伸正义，
不枉三寸舌。

世态炎凉少，
人情冷暖多。
古今中外事，
快意来评说。

代号：李博士
籍贯：河北衡水
职务：副制片
特长：口齿不动而谈笑自如。
信条：天下大小事，匹夫皆有责；
　　　为民伸正义，不愧三寸舌。

代号：西葫芦
籍贯：河北邯郸
职务：主持人
特长：辣舌点评，谈笑风生。
信条：稳中求胜，爱咋咋地。

就这么说

西葫芦

从2012年1月1日栏目正式开播至今，本人西葫芦以“屹立不倒”的姿态在跟电视机前的每一位观众讲述着不一样的新闻。人们常说“站着说话不腰疼”，不过最近真腰疼，不信您站上半年试试。有人说我们是“非主流新闻”，也有人说我们是不按套路出牌的团队。不管怎样，要让大家对得起打开电视的这段时间，因为“绳命是如此的净菜”，为了种出荧屏上的无数棵“净菜”，我们必须埋头耕耘，不怕猴挠。

对于自我，总有很多话说：谈长相，在团队中也算帅哥，出了办公室我发现每一位等电梯的朋友都比我好看得多；谈年龄，家中父母常说我稚嫩不懂生活，可工作中导播间大叔都喊我哥；谈姓名，同事都说“西葫芦”此名纯属得瑟，观众总把此名含义猜测；谈身高，节目上我比任何人都要高出很多，生活中我不吱声谁也看不到我躲在角落……

在接下来的日子里，我希望《秀才来了》越办越火，观众拿起遥控器不是看秀才直播就是看秀才重播，你要是没看过《秀才来了》都不好意思跟朋友打招呼。什么？再唠两句？别逼我了，就这两段还是硬挤出来的。不说了，节目上见！直播去喽……

代号：北冥有鱼
籍贯：山东德州
职务：编导
特长：天生爱做梦。
信条：活在当下。

折射岁月的光

邵丽晓

我从未觉得，码字是戴着镣铐跳舞，因为我不会跳舞。反倒是文字，彻底解脱了我，让我的思想有所存放，也让我的身体衣食无忧！

工作是个很奇怪的物种，你越坚持就越累，你若充实，反倒自得其乐！直播，让我在早八点，就想见晚八点的绚烂；而明天，依然有起点。这样简单的逻辑，足以让我踏实雀跃，也足以给我成就感。

知足，是祖母的处世哲学，连同她一生的积蓄，三十二块九毛钱，一起留给了我！二十年前，我揽着她的肩，说等我长大了，会开着飞机来接她！可如今，她离我五年之久，我却依然买不起飞机。那又怎样呢？我有说有笑，未曾因此而彻夜难眠。或许，这是祖母馈赠我的另一份大礼：没有谁永不逝去，更没有谁不可失去，强求无意！以上三言两语，兑现我曾承诺你的：为你写本书。希望你给我及格！

我们的坚强和健忘，永远超乎想象。可我们的学问，总是用时方恨少。况且，未经人生冷与暖，哪知世态炎与凉？我对事件的评价，总过于中庸，这点也是关乎性格。我总觉得，是非黑白、孰是孰非，本来就很难说清，或许正是如此，我对新闻的解读，总少一些尖锐，而多一丝纠结。日益凸显，一发而不可收拾！

成、败、得、失，瞬间可以让我缺氧，然而，走过一个个时间的节点，再回首时，却少几分功利，多几点会意。不如，就着回忆，喝杯新茶吧！

谨以此文，砸向我的2012!

代号：九五二七
籍贯：山东菏泽
职务：编导
特长：一颗赤子心，两只穿云目，四肢略发达，八面皆玲珑，十分了得否？
信条：疏可走马，密不透风。

我有儿子了

孙　杨

好黑啊，今天阴天吗？我伸了个懒腰，摸了摸曾经帅气吧啦、如今胡子拉碴的脸，再看看睡在身边的儿子，哎？一点都不像我，太不像了，找不出一点儿我当年意气风发的痕迹。不对啊，哪来的孩子？！我顿时困意全无，明明昨晚我还是孤家寡人，趴在床上看欧洲杯啊！舍瓦的逆天两击，让我梦回米兰王朝久久不能自拔。可今天，我却有了儿子。

“爸爸，妈妈做好吃的了，好香！”我晕，你谁家的孩儿啊！不行，一定要冷静，冷静！我迅速穿上衣服，连滚带爬地跑到厨房，非要看看孩子他妈是谁。门开了，果然是他！打错了，果然是她！原来我娶了她！不是做梦吧？我使劲儿掐了自己一把，哎，一点都不痛。

“别睡了，该你演爸爸了！”真的是做梦……偌大的演播室，逗包的大脸首先映入眼帘，接着是法伟的“自然卷”，这两人窃窃私语，可能又在商量摩天轮什么的。叫醒我的是赵岩，一会儿我演爸爸他演儿子。看了看他的脸，想想刚才真是个恐怖的梦。葫芦在指挥拍摄剧场小品，演的好像是精神病人。“一只耳朵割掉会怎么样”、“会听不清”、“那两只都割了呢”、“会看不见”、“为什么”、“那样眼镜就掉了”……精神病人思路广，果然是所言不虚。

小品剧拍完，代表一天节目的筹办工作到了尾声。我恍恍惚惚坐到座位上，打开社会主页，“教授学生争抢女友”、“老汉怀疑66岁妻子出轨，杀妻自首”、“冰心前儿媳捉奸”……哇赛，还是那个灿烂多彩、生机盎然的世界，这次真的不是做梦了。

今天不打算跟直播了，要去看房子。这几天，节目、欧洲杯、房子把我折磨得不轻，可还得打起精神来。因为挑房子就像挑老婆，虽然可以换，但得兴师动众，不是很好受。对有钱人来说，一个老婆是很难满足他们的，于是就有所谓的二套房限购政策。当然，这跟咱这些贷款一族无关。

算了吧，房子什么时候都能看，突然觉得还是盯直播重要些！（今晚来客串的观察团MM来了，好像很不错的样子。）

代号：淘金客
籍贯：山东聊城
职务：编导
特长：千锤百炼出深山，
烈火焚烧若等闲。
信条：大浪淘沙始见金。

七年之痒

冯鲁鹏

此文不关风与月，只关理想。

我点了皮蛋瘦肉粥，他要了小米稀饭。几个凉菜，两瓶啤酒，学校附近一家小但雅致的餐馆里，相对而坐。05年秋天，我读高三，远在山西的小舅（舅舅和我年纪相仿）前来探望我。问及我的理想，没加思索，便应了句"做电视吧”。高考、大学、毕业，一转眼七年过去了，我真的成了一名新闻工作者。新鲜、刺激！

大学一散，落天涯；各为理想，忙奔波。工作两年，做过民生新闻、专题新闻，我从一个学生，转变为一个社会人。少了些书生意气，多了些耿直率真、成熟稳健。以前沉默寡言，现在知无不言、言无不尽，练就了“贫嘴”好功力，这也算是一种进步吧！

做电视，起初处处新奇，可也久生倦意。以前就听人说做这行辛苦，可我内心喜欢，顾不得太多，就头脑一热做了选择。可工作后才发现，以前读书虽不易，可工作更辛苦，经常熬夜来加班，腰酸背痛苦不堪。有时为了掰扯一个镜头一段文字，绞尽脑汁，冥思苦想，枯燥无味；赶上过年过节，忙活起来，甚至连假期都没有。繁忙的工作只剩下机械的重复，全没了刚开始的热乎劲儿。

前年春节，去小舅家探亲。七年未见，小舅这几年混得风生水起。他高中没读完就辍学进京了，起初家人没人看好他。据爸妈说，这几年小舅的经历特别传奇，吃了不少的苦，也尝到了不少的甜。刚开始是跟着同学干汽配，后来练过地摊，被城管驱逐过；倒卖过火车票，险些被当票贩子抓进去。后来顿悟，靠着积攒的几万块钱做起了建材的生意，发了！这让我顿时想起了“读书顶个鸟用”的古训！舅舅04年座驾还是摩托，05年开上了面包车，07年就直接开上了“别摸我”，还靠着一根网线牵来了千里姻缘。小舅妈家乡桂林，他们结婚在桂林，照片我看了，桂林山水甲天下，景美人也美，弄得我好生羡慕。看来只要坚持梦想，凡事终有所成。

去年秋天，频道改版，《秀才来了》酝酿亮相，自己有幸加入。民生百态，天下大事；说学逗唱，别开生面；与众不同，独具一格。我重新找回了当初想要做电视时的激情，只要自己认准选择了的，那就一直走下去。其实，“七年之痒”不可怕，贵在为梦想而坚持。我想爱情大概也是这么个理儿吧，虽然我没经历过。

代号：逗包
籍贯：山东临沂
职务：编导
特长：插科打诨，人生如戏。
信条：有作为才有地位！

逗包，不是干粮

杨晓铭

有句话说得好，别拿村长不当干部，别拿豆包不当干粮。借这个机会我想澄清一下，我这个逗包还真不是干粮。中国文字博大精深，没办法，谐音字，谁让舌尖上那个豆包出名早呢，这就叫名人效应，人们喜欢往上靠这也理所当然。之前朋友见了我会问“吃了吧”，现在见了直接说“饿了，先来两笼包子”。后来自己想想也不错，沾了豆包的光，最起码给人带来的是食欲，而不是那啥……

除了我这有食欲的名字，我的另一标志物就是那把“大茶壶”。虽然现在即将成为古董，哎，打断一下，想收藏的抓紧哦！但喔喔茶的香味依然浓烈。我有自己的茶道，那就是“茶不在鲜，有味就行”，所以换茶概率是“半月谈”，弄得葫芦天天烦——开个玩笑，你们当真的听就行。记得第一次被观众朋友认出来就是因为我这把“大茶壶”。那晚下了直播一起去吃羊肉串，临走时那位观众认出了我，虽然喊的是“大茶壶”，但我心里依然激动，毕竟如果没有我逗包，他们又怎么会认出这把“大茶壶”呢，阿Q吧！哈哈……

很多朋友问我，《秀才来了》和其他新闻节目有什么不同，我想用犀利、幽默这些词去回答他们，可这又不像秀才的风格，不能这么轻易饶了他们。于是我问了他们一个问题，笛卡尔的名言“我思故我在”你们怎么理解？有位朋友按本意解释了一番，我说你这是新闻联播；另一位朋友天马行空自己造义，我说你这是说书先生；而另一位朋友在尊重本意的基础上剑走偏锋，从另一个角度去解释了它，我说这就是秀才来了！

还有朋友问我，秀才的编导是不是个个满腹经纶，我回答道，那是我们制片。如果编导满腹经纶，稿子就达不到半瓶子晃荡的效果了。这位朋友又问，那具备什么能力才可以成为秀才的编导呢？以前在大学的时候，有位专业老师对我们说，要想写出好的剧本，多谈几次恋爱。但作为秀才的编导，这还远远不够，什么时候你能几场恋爱一起谈，同时进行，那你就合格了！哈哈，开个玩笑，哎呀，啰嗦半天，该直播了，有机会再唠。

代号：浅灰色灵魂
籍贯：山东青岛
职务：编导
特长：嗜吃能睡，心宽体胖。
信条：理性且勤恳，从容并坚韧。

路一直都在

赵丽平

穿过人潮汹涌灯火阑珊

没有想过回头

一段又一段走不完的旅程

什么时候能走完

That' s just life

寻找梦里的未来

That' s just life

笑对现实的无奈

不能后退的时候

不再彷徨的时候

永远向前

路一直都在

罗曼·罗兰说，大部分人在二三十岁就死去了。因为过了这个年龄，他们只是自己的影子，此后的余生则是在模仿自己中度过。日复一日，更机械、更装腔作势地重复他们在有生之年的所作所为、所思所想、所爱所恨。这话说得绝对了。殊不知，年年岁岁花相似，岁岁年年人不同。明天，永远是充满未知的鲜活。

生命总是鲜活的，所以才有同根词 *life* 和 *live*；而生活中未知总是超出我们的想象。想起苏格拉底的圆，圆内是已知，圆周是未知。已知越多，才会发现未知越多。"问渠那得清如许，为有源头活水来。"以前有朋友劝我，年龄的老去并不可怕，你若是能一直走在时间的前面，那么老去的只能是时间。为了能一直走在时间的前面，自己必须更加理性、勤恳、坚韧。崭新的案牍生活，让我的圆周每日渐长——思想的丰盈永远是最让人喜悦的。

在路上，有喜悦，更有艰辛。"人的一生，总是为了追寻生命中的光，而走在漫长的旅途上。"这是星野道夫拿生命换来的箴言。丑陋的幼虫，只有经历了痛苦的忍耐、煎熬、挤压和突破，才能破茧、重生，扬起奋飞的翅膀，成为骄傲的帝王蛾。而我们，都是在破茧成蝶的路上。只不过，最终，我们不只丰盈了自己，更丰满了别人的生活。

或许，每天面对着冰冷的显示器，埋头在如山的文稿里，奔走于熙攘的人群中，游离在若即若离的通讯里……没有时间去想，为什么我会在这里？但其实我一直都深知：爱，总是和所爱的在一起。那些值得你留下的地方，才是灵魂真正的故乡。

《秀才来了》给我的，是意料之中的生活，意料之外的收获。

打油诗写多了，最后也不免落入俗套：不是结束，是新的开始——

岁月蹁跹事难料，流光总易催人老。

回首来时风著雨，只当春寒多料峭。

长大未成年

亓 剑

黑白生活，五彩气球。

相信梦里的未来，因为未来不是梦！

听清楚提问，仔细思考，再去选择答或不答。

需要成长，经历风雨，精彩的过活。

慢慢来，别急哈。

珍惜时光吧，珍惜吧。

看看沿途的风景，微笑。

嗅嗅芳草的清香，点头。

快乐起来，肩并肩的勇敢向前，你我都会站在舞台中间。

代号：长脸
籍贯：山东莱芜
职务：编导
特长：哼小调，写文稿，
走一走，瞧一瞧。
信条：不想当厨子的司机不是好裁缝。

代号：四条眉毛
籍贯：山东德州
职务：编导
特长：善于胡思乱想，乐于好吃懒做，精于侃天扯地。
信条：心有猛虎，细嗅蔷薇。

钩沉

赵 岩

看王朔的《动物凶猛》，里面米兰对“我”说：“我已经十九了。”我随着里面的“我”一起感同身受，顿时也觉得，十九岁啊，好遥不可及的年龄，我什么时候也长到十九岁那样成熟。等翻了几页书之后，才回过神来，一阵苦笑：我已经二十二了，一个风华正茂容易犯二的年龄。我时常习惯性地忽略掉自己的年龄，就像选择性忘掉一些故事和故人一样。这样写，貌似能增加一点自己的成熟性与沧桑感，如同一位已然骑不动马的老牛仔，对着西风残照和一群脸上挂满仰慕之情的小屁孩，吐一个烟圈，长叹一声道："我已经记不清第一次拿枪的场景了。"其实我的过往，真的是乏善可陈，以至于要靠卖弄风骚来假扮深沉。

虽然我对济南的天气做了充分的心理准备，可我还没来得及对刚吐出绿芽的春天感叹一番，她就袅袅地离开了。仿佛一夜之间变得葱郁的树木也在暗示我，这儿的春天，容不得你品头论足，她倏忽即逝。毒辣的阳光下，经常会遇到这样的场景：几位姑娘迎面款款走来，发髻乌黑、裙摆飞扬，人未近，香气先到。这种香气，初一闻，满腹芬芳，可禁不住再一闻，便成了香腻。很难想象闻香识女人是怎样的一种天赋，不是田伯光那种老流氓就是弗兰克中校那样的偏执狂。对我来说，只有香与香腻这两种。不知是否所知有限，一直纳闷为何没有一种青草味的香水，就是割草机在草坪上划过之后的味道，很大自然的一种气息，而不像各种精致的玻璃瓶中装的费尽心思讨好别人味蕾的香味。虽然我的嗅觉也被那种味道欺骗了，但在理性上，我会极力设置另一种可能，以保持感性依旧正确。作为一个自小生长于田野乡间的小子，每到一个特定的时期，便会无法抑制地想念某些场景，甚至在脑海里勾勒出原本并不完美的意象。明明我只在麦地的田埂上奔跑过，可春天的印象却是躺在一望无际的麦田里，微风轻抚、些许柳絮，闭上双眼，睡上一觉。醒来之后，春梦了无痕，然后在麦地里挖点荠菜，回家包饺子，大快朵颐——文艺与二逼在我身上从来都能无缝衔接。有时晚上下班回到家，脱鞋泡脚，就想这算不算有些人嘴里说的特事儿事儿的，洗去一天的风尘。然后我拿出当年理科生缜密但又不失感性的思维考虑了一下，果断否定了这个说法。理由很简单：我的鞋在一天之中根本没有任何踩泥土的机会。这很令人泄气，在我古板的认知里，脚踩黄土才能很靠谱。楼梯、板砖、柏油路，战战兢兢、如履薄冰，就像马路中间绿化带里的花丛一样，移栽而来，只为这一季的鲜艳，命比纸花薄。

在交房租的时候，才发现呆在这儿已经半年了。期间，过年回家五天，后来回学校两次，其他的，好像都是同一个轨迹，规律得已经忘记了乏味。去年的这个时候，我好像刚刚结束了对学校某个决定的怨恨。那时，我一腔热血，浑身充满了躁动分子，激情与不安在血管里左突右撞，总试图改变一些什么。努力的结果就是留下了几篇如今看来相当幼稚的文章和一次至今仍可作为谈资的与校长的谈话。时间抹平了一切，剩下的沟壑则有另外的琐屑填平。那件事的结尾就是，我平生第一次喝醉，貌似还痛哭流涕。不知道，何时还会再找到某事某人值得我宿醉一场。

台对面是泉城公园，多年的园林，里面已经绝少人工雕琢的痕迹，景致不错、自成一体。考虑到这是在闹市中间，有这么一片净土，很难得了。三月份的时候，万物生长，空气中到处弥漫着一种叫荷尔蒙的物质，在办公室呆久了的我，被撩拨得无以复加。抽空去了几次，正赶上好雨知时节、一江春水向东流，当时还特抒情地说："一步入世，一步出世。"其实也对，心幽随处净土，对我来说，哪都是闹市。每晚下班回去的路，是一条很奇妙的说长很长说短也短的旅途。先是经过泉城公园旁边的一条小路，左边马路，右面树林；左耳嘈杂，右耳寂静。我会下意识地靠右走，不错，左边会有电动车驶过，靠右走这是交通规则。说深沉一点，右边不知道有什么树在开花，一股淡雅的茶香，很是清淡。闻到肚子里，更能爆炸开，向浑身经络涌去，所以每次我都有跑步前行的冲动——事实上，也是这么做的。等下了公交车到了小区的夜市，则是完全不同。无论哪的夜市，都有这样神奇的一个功能，那就是强大的消化能力。不管街上放什么样的歌曲，你都会觉得很贴切，我经常在吃饭的工夫，连续听到《伤不起》、《我懂》、《最炫民族风》、《我的中国心》、《最浪漫的事》之类的歌，神曲混搭金曲，听上去感觉是一样的，没有任何的不妥。同样，任何人到了夜市，都会自觉地放下架子，卸掉伪装，男有光膀子喝扎啤的冲动，女有拍桌子跷二郎腿的念想，再丑的女人到了夜市也变得眉清目秀，再滥俗的神曲到了夜市也能变成阳春白雪。

家里养了两条金鱼，因为自小养花的习惯，住的地方要不养点什么，总认为少了一丝生气。买金鱼纯粹是心血来潮，原本是在夜市挑花，没有找到合适的，见鱼缸晶莹剔透，金鱼活灵活现，就买了回去。甚至撒下豪言：作为一个从小混迹于饲养界的人，给牛拔过草，替猪拌过食，养过鸽子喂过鸡，赶过鸭鹅下池塘，这都得心应手。养金鱼虽然是个精细活，但问题应该不大。四十多天过去，鱼没有任何翘掉的迹象，甚至比刚来那会儿吃得更多了。一天喂一次食，两天换一次水。换水时，会把他们捞到盆里，鱼缸清洗一遍，再捞回来。每次把鱼从盆中移到鱼缸时，我都会有深深的愧疚感——在盆里它们还能稍微畅快点儿地游来游去，到了鱼缸里，一个摆尾，头就碰壁。所以我都是尽量让它们在盆里多游一会儿再捞回来。后来想了想，剥夺了它们的自由；然后做些无济于事的弥补，实在是有点假仁慈，五十步笑百步，也就释然了。鱼是十足的吃货，无论什么时候，只要撒上鱼食，它们就会发现，从水底慢慢漂上来，瞅准一粒鱼食，仰视着盯一会儿，突然发力，头急速摆几下，好像咬住活物要撕扯一般，划一道弧线，沉入水底。水面上只留下一串小气泡。如此几个回合，鱼食被吃得一干二净。这两条鱼一定也有间歇性癫狂症，前一秒还在水里摇头摆尾做舒适状，后一秒就可能疯了一样在水里打转，使劲想冲破玻璃游出来。我又有点愧疚感了，等它们长大点儿，一定换个大鱼缸。每晚，我的必修课之一就是对着鱼缸发呆，神游太虚，脑中空白，短则几分钟，长则半小时，直到要打盹，才缓过神来。因为多数时间它们都躲在水草里，我无法完成自我意识中的与它们的眼神对视。在怪力乱神的小说中，佛周围的一切事物，听他叨叨得久了，都会沾染上几分神经，或成佛或成魔。我猜这两条鱼也是如此——在我面前久了，见我看书、上网、玩手机、发呆，它们一定有不同的感应，但说不定慢慢跟我一样，不知敬畏、没有幻想、中指朝天，一生下来就老了。

发现在写这些文字的过程中，虽然极力避免"我"字的出现，可是频率依旧很高。太以自我为中心，这种毛病总是不好，再加上自己的情商与智商皆成江河日下之势，眼前一抹黑，路途遥无垠啊。许久没有踢球锻炼，一向自诩为怎么吃都不胖的我，也开始长肉，随之而来的就是心也变宽——确切地说，应该是冷。这种冷不是对人对事的冷漠，而是对周围发生的一切用一种旁观的视角去看。当把每天发生的事情，全都换算成能写与不能写时，就是这种感觉，有一种医生面对绝症患者，明知做无用功，偏偏还拿手术刀去割开皮肤血肉的直刺骨髓的悲痛冷静感。久而久之，不用再直接被要求什么话题不能碰，自己就会谨小慎微，避开某些敏感，仿佛骨子里就觉得这是应该，人心惟危，道心惟微。所以我极羡慕那些，所谓左一刀笔杆、右一刀酒杯的自由者，可后来发现，这一类人，不是在微博上冒充公知，就是在各种饭局上勾引良家小姑娘，当然，还有一些人是真正地端起笔来，左一刀右一刀，刀刀见骨。后来又思索良久，发现我真正羡慕的是这一类人：士行杂尘，不修边幅，能逐弦吹之音，为侧艳之词。翻译过来就是：一个资深老流氓，会唱几个小曲，能弹吉他，最擅长讲黄笑话。有时候觉得看万卷书真不如行万里路，可如今被一切事情所累，远行已成奢望，不能远行，那就回忆。于是我决定，少写这样矫情的文字，我要在回忆的基础上，把我所见的都杂糅起来，写幻想，写欲望，写腹黑，把我内心最黑暗的再加上我能想到的别人最黑暗的青春故事，臆想出来，编造出来，制造高潮。

这貌似是一个我现在力所不能及的要求，可事在人为，正好打发我晚上百无聊赖的时光。别无所求，文火慢炖。不成，毫无愧疚；成，以作钩沉。

代号：菲菲
籍贯：山东淄博
职务：观察团
特长：腿特长。
信条：因为自信所以完美。

选我所爱　爱我所选

王菲菲

我记得有句话是这样说的：什么样的选择决定什么样的生活——今天的生活是由三年前我们的选择决定的，而今天我们的抉择将决定我们三年后的生活。在我看来，重要的不是你现在所站的位置，而是你选择朝向的方向。我一直觉得我是一个很幸运的女孩儿，上大学就选择了一个自己喜欢的专业学习。大四的时候，因为参加了公共频道举办的主持人大赛，进入到了一个自己梦想的平台工作。让我觉得最幸福的就是我现在选择从事的工作正是我所热爱的。所以在这里我每天都过得很嗨皮。

自从我来到《秀才来了》后，我感觉我有了一个质的提升。因为我发现自己各方面能力都在提高。不仅要主持节目，同时还要参与小品的演出和片子的剪辑制作，包括现在我们天天练舞蹈、唱歌，都是在全面发展自己。子曰："君子不器。"君子不像器具那样，作用仅仅限于某一方面，应该是全面发展。主持人更应如此。

前段时间我回学校，记得一个同学问我："菲菲，你瘦了好多啊，你天天这样累吗？你觉得快乐吗？"我承认刚从象牙塔走出来的时候是有点承受不了这些，因为大学的生活是很轻松的，所以刚来没多久身体就撑不住了，病了好几次。记得有一次发烧了，早上起床后头晕目眩的，但是后来还是咬牙坚持来上节目。因为我觉得既然选择了这个工作，就要承担起一份责任；哪怕再重的担子压在我身上，那都是一份荣耀。现在的我好像是在爬山一样——虽然累，但高度却是在不断增加。虽然有的人工作很轻松，但是时间长了就会发现自己是在走下坡路。因为我热爱我选择的这份工作，我也特别珍惜这次来之不易的工作机会。在未来的道路上我会更加努力学习，希望能在荧屏上给大家呈现一个更加成熟大气的我。

代号：晓彤
籍贯：山东淄博
职务：观察团
特长：扮得了萝莉，演得了女王。
信条：路虽远，行则将至。

和生活并肩作战

徐晓彤

三年来，我说的最少的词，就是"回家"。快要毕业的时候，来到了济南，有了一个自己的小窝——地儿不大，却有一个可以光着脚上下奔跑的错层，和两扇洒满阳光的落地窗。一早睁眼，就是温暖的阳光洒在枕边。

我不是热爱洗衣做饭的贤惠女子，恨不得十指不沾阳春水。有时候会突发奇想地把家里厨房添置得锅碗瓢盆、油盐酱醋样样俱全，期待下班回家有人给我炒一盘热菜，端一碗热汤，让我风尘满面、不顾形象地吃个痛快。可这个愿望似乎是昙花一现，我拖着疲累的脚步打开家门，坐在空荡的沙发上，只有屋顶的灯光和我做伴。锅碗瓢盆也就那样晾着了。或许，很多年后，可以做我的嫁妆？

我多么怀念，还是孩童的那些日子，和生活勾肩搭背，不顾旁人眼光地追逐小孩子眼中的梦想，被上帝无限关爱着。那时候多好，不需要强迫自己雌雄同体般的去和生活作战。许是做学生习惯了，生活突然变成了电视台和家的两点一线，容不得撒娇容不得偷懒容不得随心所欲、我行我素。一直觉得奥特曼附体的自己，也开始力不从心。可是回头看看，生活在坚持、辛酸、不羁这些磨炼之后，变成了一个老朋友。我真心希望，时间可以让我感激——有一天，我不再和她作战，不再容易厌倦，而是感激她的不讲理，感激她的决绝、考验还有霸道。

我一直觉得，我还是一如既往地被上帝无限关爱着。否则，我怎么会还是如此擅长自娱自乐地生活着，怎么会还是喜欢抬头和阳光说说心里话，怎么会还是固执地用孩子的心态面对整个世界？

我多么怀念，过去的，现在的，和将来的每一个心情。

代号：欣欣
籍贯：山东泰安
职务：观察团
特长：朗诵
信条：空口袋难以立直。

人生如戏 全靠演技

张 欣

时间总过得飞快，快得就像一首歌，我常常来不及跟上节奏。

两年前，我还只是个大三的学生，和父母激烈地讨论，要考哪个学校的研究生；一年前，我匆匆忙忙，奔波在选秀、比赛的路上，认认真真做着各种人生规划。如今的我，在《秀才来了》的舞台上，点评人间万象，说出我的观点。

时间磨砺了我的思维，更磨砺了我的心态。作为美女观察团的一员，每天的工作快乐而又充实。要说最让人期待的当属每天《秀逗剧场》的拍摄。起初大家的表演完全跟着台本走，非常保守；但是经过一段时间的锻炼，大家不仅可以淋漓尽致地诠释自己的角色，而且还学会了抢戏！如此一来可不得了了，拍剧场的时候，大家在化妆间里各种忙活，至少也要在服装和道具上占据压倒性的优势。于是很多经典形象出现在了荧幕上，比如法伟饰演的乔峰，晓明饰演的胖婶，还有亓钊饰演的包大人，个个都是奇葩呀！说到这里我就得补充一句了，一个五分钟就能拍完的剧场，大家要花半个小时打扮自己，敢问，大家是有多么敬业！

在一个积极向上的氛围中，我们打造了一个快乐阳光的团队。节目开播以来的半年，在每天的摸爬滚打中，我不再是当初那个蹒跚学步的娃娃。

感谢《秀才来了》，让我成长。

代号：小昱
籍贯：湖北武汉
职务：观察团
特长：擅模仿，通吃南北中外。
信条：博观而约取，厚积而薄发。

一路向北

吴旻昱

从小到大我都十分佩服我爸爸能想到“吴旻昱”这样易写不易读三胞胎一样的字来给我取名。但是我已经慢慢习惯在节目中自称“小昱”，也希望观众朋友们能因此记住我是来自南方的小家碧玉。当然，在这个国际化大都市，叫我的英文名 *Minkey* 也是没有问题的。

家在湖北武汉又曾在广州混迹一段时间的我，初到山东坐出租车也经常会闹笑话，总是一上车就洪亮地说：“广东电视台。”司机师傅动弹不得地问：“您到哪？”“山东电视台。”“哦，差一个字差几千公里呢！”

其实，加入山东电视台是我始料未及却又乐在其中的一件事。生长在南方的我虽然在生活习惯等各方面仍有许多的不适应，但我很享受在公共频道《秀才来了》节目的每一天，这里有活泼的工作团队、多变的节目风格和丰富的节目内容，让我能在这里充实地工作、快乐地学习。即使是编导们也会每天为了出镜饰演角色而忙着打扮和化妆，男人变女人，女人变男人已不再出奇，反而是一种常态，也可以理解为“时常变态”。而我们这些货真价实的姑娘们更不能输在造型上了，长发、短发随心所欲，卷发、直发变化多端，这当然也是因为假发实在是一个神奇的东西，只是希望3.15那天能放我一马，毕竟我们也是为了带给观众朋友们带来更多差异化的视觉感受嘛。

既然选择了远方，便只顾风雨兼程。这也许是一句大家烂熟于耳又毫无新意的句子了，但对于现在的我来说却贴切之极。想做一名成功的主持人需要有更多的积累和积淀，也许我还稚嫩，但在学习的道路上我会马不停蹄，做负责任的媒体人，用心去说每一句话。

代号：自然卷
籍贯：山东潍坊
职务：编导
特长：琴棋书画，样样稀松。
信条：天生我材必有用，
人生得意须尽欢。

好一个《秀才来了》

王法伟

初出茅庐，第一脚踏进社会，便与《秀才来了》结缘。

原本是关在象牙塔里的毛头小孩，也曾羡慕过电视机中的各种人物，谁又曾想过自己也会成为其中的一个？

曾说过，不离开校园，这世界便与我无关，但迟早是要走出来的，迟早是要发现这江山无限的。《秀才来了》，是她让我散灭了二十多岁的迷茫；是她让我体会了"秀才不出门，便知天下事"的快意；也是她让我重新认识了自己——曾经认为自己永远都做不到的事情，都在这个栏目里激发了。

每天工作在办公室里，虽然做着同样的事，但能触发不一样的心情，国际风云、民生百态、娱乐八卦、新闻热点……天下新鲜事，秀才帮你数。

这好像是我寻了很久的生活，如今得以亲近，大有快慰平生之感。

人生得意须尽欢，在这样一个充满奇迹的节目组，何不把握机会让自己的生活更有意义？别总以为来日方长，不必急在一时；须知情绪一过，时空转换，也就水波不兴了。《秀才来了》是人生的另一种风景，更是发掘自我、重新出发的良方啊！

网罗众生相，快意评天下，好一个《秀才来了》！

图书在版编目（CIP）数据

秀才来了／孙军主编 .—济南：齐鲁书社，
2012.12
ISBN 978-7-5333-2709-5

Ⅰ.①秀… Ⅱ.①孙… Ⅲ.①评论性新闻—电视节目
—汇编—山东省 Ⅳ.① G229.275.2

中国版本图书馆 CIP 数据核字（2012）第 282886 号

秀才来了
孙　军　主编

出版发行	齊魯書社
社　址	济南市英雄山路 189 号
邮　编	250002
网　址	www.qlss.com.cn
电子邮箱	qilupress@126.com
印　刷	山东德州新华印务有限责任公司
开　本	700mm × 1000mm　1/16
印　张	14.5
插　页	4
字　数	215 千
版　次	2012 年 12 月第 1 版
印　次	2012 年 12 月第 1 次印刷
标准书号	ISBN 978-7-5333-2709-5
定　价	36.00 元